商务礼仪

主　编　姚　杰　诸葛福生
副主编　刘　伟　张克英
编　委　苏艳慧　刘　冬　张聿曼　梁晓霞

山东城市出版传媒集团·济南出版社

图书在版编目（CIP）数据

商务礼仪／姚杰，诸葛福生主编．—济南：济南出版社，2018.8

ISBN 978-7-5488-3275-1

Ⅰ．①商… Ⅱ．①姚… ②诸… Ⅲ．①商务—礼仪—高等职业教育—教材 Ⅳ．①F718

中国版本图书馆CIP数据核字（2018）第137306号

出 版 人　崔　刚
责任编辑　雷　蕾
封面设计　胡大伟
出版发行　济南出版社
地　　址　济南市二环南路1号（250002）
编辑热线　0531-67883204
发行热线　0531-86131728 86922073 86131701
印　　刷　济南乾丰印刷有限公司
版　　次　2018年8月第1版
印　　次　2018年8月第1次印刷
成品尺寸　185mm × 260mm 16开
印　　张　11.5
字　　数　200千
印　　数　1-4000册
定　　价　38.00元

前言 Preface

为了满足财经商贸类中高职学校市场营销专业和其他相关专业教学需要，我们组织在高校教学第一线的老师联合编写了这本《商务礼仪》教材。本教材突出应用性和实践性，可作为中高职市场营销、国际贸易、国际商务、金融学等专业的教材，供中高职教师及学生使用。

《商务礼仪》以女主角朱莉、男主角张磊的成长经历为线索，设计了“应聘者”“初级文员”“行政主管”“总经理助理”共计四幕场景，记载着男女主角在某企业工作过程中适应不同的工作岗位，为提升自己的业务能力，不断学习相关的商务礼仪，逐渐提升礼仪修养的过程。

本教材有别于传统礼仪教材的章节模式，编写主要体现场景式教学，同时，注重培养学生发现问题、分析问题、解决问题、拓展思考的能力。整本教材以男女主角的成长阶段为主线，不同的阶段分为不同的“幕”，从头至尾宛若一部连续剧，给人以活泼亮丽之感；每一幕设置 2～5 个需要具体解决的问题，称为“探索”；每个探索以“朱莉的问题”或者“张磊的烦恼”提出问题，展开知识拓展，并同步分析问题的解答；在每一话题的最后，以“礼仪小舞台”引导学生进行礼仪复习和训练。此外，本教材还辅以“加油站”和“温馨提示”等知识链接和拓展点，使得整体内容更加充实，生动活泼。

本教材由姚杰、诸葛福生任主编，刘伟、张克英任副主编。参加本书编写的人员有：姚杰编写第一幕，诸葛福生编写第二幕，刘伟编写第三幕，张克英编写第四幕。最后，全书由姚杰总纂，并修改定稿。

本教材在编写过程中，得到了作者所在院校等有关单位领导、专家及部分企事业单位专家、技术人员的大力支持与指导，在此一并表示衷心的感谢！

由于编写时间仓促，加之编者水平有限，书中难免存在不妥之处，恳请各位专家、读者不吝批评指正。

编者

2018 年 5 月

目录 Contents

第一幕 迎接面试（角色：应届毕业生）

第二幕 菜鸟起飞（角色：职场新人）

第三幕　崭露头角（角色：职场黑马）

第四幕　得心应手（角色：礼仪达人）

主要人物

朱 莉

第一幕：面试者。

第二幕：行政秘书。

第三幕：行政主管。

第四幕：总经理助理。

张 磊

第一幕：面试者。

第二幕：行政秘书。

第三幕：行政秘书。

第四幕：行政主管。

故事背景

公司名称：上海 ×× 国际贸易有限公司

第 一 幕

朱莉与张磊是同学，也是非常好的朋友，两人共同到上海 ×× 国际贸易有限公司面试行政文秘工作，两人经过多轮面试，都得到了这份工作。但总体而言，朱莉的表现优于张磊。

第 二 幕

朱莉与张磊在同一部门工作，两人工作都十分努力。朱莉人际交往的能力比较强，为人处事比较得当；但张磊为人比较随性，不拘小节，因而虽然工作努力，但总是会产生各种各样的问题。两人在工作中不断学习礼仪知识，提高礼仪修养。

第 三 幕

三年后，朱莉因工作出色、为人处事得当，受到重用，晋升为行政主管，自身的视野更开阔，面对的客户更高层，需要学习的礼仪也更多。张磊未得到提拔，但是在各个方面均开始进步，并积极与朱莉沟通，弥补自己的不足。

第 四 幕

又过了五年，朱莉的能力得到了更多人的肯定，从而被提拔为总经理助理，而张磊通过努力，也晋升为行政主管，两人在工作上的合作更默契，经常一起参加或联手组织各类活动、出国公办，在礼仪上的修为更是进一步提升。

同学们，当你们走出校园、踏上社会，你知道如何借“礼仪”的风帆，在职场的海洋中徜徉吗？让我们一起跟着朱莉和张磊，拉开他们“职场礼仪”的序幕吧！

第一幕
迎接面试（角色：应届毕业生）

面试——求职成功的敲门砖。

白驹过隙，美好充实的校园生活即将结束，朱莉（女，英文名Julie）和张磊（男，英文名Ray）面临着人生新的转折——实习就业。他们将通过面试，迈出职业生涯的第一步。

注重求职礼仪将会帮助他们展示良好的精神面貌，赢得用人单位的青睐，尽快找到自己的理想栖身之地。

经过充分的准备，他们能否在众多的面试者中脱颖而出呢？让我们看看朱莉和张磊的表现吧！

话题 1

服饰礼仪

学习目标

1. 了解着装的原则、服饰色彩搭配，能根据场合正确着装。
2. 学会常见的丝巾系法和领带打法。
3. 了解饰品佩戴的原则及方法，能根据服装正确搭配。

案例导引

四月份的校园，充满生机，张磊和朱莉所在的毕业班接到通知，要参加上海一个国际贸易有限公司的面试，他们都非常想把握住这个理想的求职机会，学校就业指导处也十分重视。为此，两人认真地开始了面试前的各项准备……

探索1：第一印象，着装岂能随意

朱莉的问题

人说"佛要金装，人要衣装"，面试的服装可不能随意选择。到底怎样着装才合乎求职者的身份又展示自身的形象，给面试考官留下良好的第一印象，让自己在众多的面试者中脱颖而出呢？朱莉和张磊感到之前掌握的着装礼仪知识还不够系统，需要全面考虑。

一、服装按照场合分类

不同场合，对服装的要求是不同的，为了着装得体，就要了解在什么场合应穿什么衣服。

❶ 正式服装

正式服装用于参加社交、会客、拜访、婚葬仪式等场合。

❷ 职业装

职业装又称工作装，是为工作需要而特制的服装。选择职业装时需根据行业的要求，结合职业特征、团队文化、年龄结构、体型特征、穿着习惯等，从服装的色彩、面料、款式、造型、搭配等多方面考虑，展示穿着者富于内涵及品位的职业形象。

❸ 便装

便装指日常穿着的服装，使用范围广泛，包括旅游服、运动服、家居服等。

二、着装的基本原则

❶ "TPO 原则"

"TPO"是英文"time（时间）""place（地点）""occasion（场合）"三个单词的缩写，着装的"TPO 原则"是指人们的穿着打扮要适应时间、地点、场合的需要，这是世界通行的着装打扮的基本原则。

（1）与时间相适应：着装要合乎季节、时令，符合时代特色，不能太超前或落伍。

（2）与地点相适应：不同国家、不同地区的人们由于所处的地理位置、自然条件以及生活习俗等不同服装各有特色。如，在气候炎热的地方，服装以浅色或冷色调为主，以阿拉伯服装为典型；在寒冷的地方，服装以深色或暖色调为主，以北欧人服装为典型。

（3）与场合相适应：主要指在上班、社交、休闲等不同场合应有不同的着装。

❷ 配色原则

使人产生温暖、热烈、兴奋之感的色彩为暖色，如红色、黄色；使人产生凝重、抑制、平静之感的色彩叫冷色，如蓝色、黑色、绿色。人们平日的着装，通常讲究上浅下深。冷色、深色使人苗条，暖色、浅色使人丰满。黑、白、灰是服装搭配时常用的三种颜色，比较容易出效果，被称为安全色。色彩搭配主要有三种方法：

（1）统一法，即配色时尽量采用同一色系，按照色彩深浅不同的程度搭配，创造出和谐感。例如，穿西服如果采用灰色色系，可以由外向内逐渐变浅，深灰色西服——浅灰底花纹的领带——白色衬衫。这种方法适用于工作场合或庄重的社交场合。

（2）对比法，即在配色时运用冷暖色、深浅色、明暗色等两种特性相反的色彩进行组合，使着装色彩反差强烈，静中求动，突出个性。但运用对比法忌讳上下 1/2 对比，给人拦腰截断的感觉，要在身高的黄金分割点即 1/3 点上变换色彩才有美感。

（3）呼应法，即在配色时，在某些相关部位采用同一色彩，使其遥相呼应，产生美感。例如在社交场合穿西服的男士讲究"三一律"，即公文包、腰带、皮鞋的色彩相同。

正装若超过三种色彩会给人以繁杂、低俗之感，要显得简洁、和谐，一般应为单色、深色且无图案。最标准的正装色彩是蓝色、灰色、棕色、黑色。衬衣的色彩白色为最佳，皮鞋、袜子、公文包的色彩宜为深色（黑色最为常见）。

衣服色彩还要注意与肤色相配。

淡黄色皮肤者对色彩没太多要求，穿不加配色的黑色衣裤，则会显得更加动人。皮肤较黑的人，要尽量避免穿深色服装，红色、黄色的服装比较合适。肤色苍白呈病态的人，最好不要穿紫红色的服装，以免加重脸色的病态感。皮肤黑中透红的人，避免穿红、浅绿色服装，应穿浅黄、白色等让肤色鲜亮的服装。

▲ 统一法搭配

▲ 对比法搭配

▲ 呼应法搭配

③ 协调原则

一个人的穿着要与他的年龄、体型、职业和所处的场合等适应，给人和谐的美感。

（1）穿着要和年龄相协调。年轻人应穿着鲜艳、活泼、随意一些，体现出青年人的朝气和蓬勃向上。而中、老年人要注意庄重、雅致、整洁，体现出成熟和稳重。

（2）穿着要与体型相协调。根据自己的体型挑选合适的服装，扬长避短，实现服装美和人体美的和谐、统一。

一般来说，身材较高的人，上衣应适当加长，女性配以低圆领或宽大而蓬松的袖子、宽大的裙子、衬衣，色彩最好选择深色、单色或柔和的颜色。身材较矮的人，最好选择浅色的套装，上衣应稍短一些，使腿比上身突出；服装款式以线条简单为宜，上下颜色应保持一致。体型较胖的人应选择小花纹、直条纹的衣料，最好是冷色调，以达到“瘦”的效果；款式力求简洁，以“V”形领为最佳，略收中腰，后背扎一中缝为好。体型较瘦的人应选择色彩鲜明、大花图案以及方格、横格的衣料，选择尺寸宽大、上下不同花纹、有变化的款式，质地不要太软；切忌穿紧身衣裤，也不要穿深色的衣服。另外，肤色较深的人穿浅色服装，会显得健美；肤色较白的人穿深色服装，更能显出皮肤的细洁柔嫩。

（3）穿着要和职业相协调。例如，教师、公务员一般要穿着庄重一些，不要打扮得过于时尚；医生穿着要显得稳重；青少年学生穿着要朴实、大方、整洁，不要过于成人化；演员、艺术家则可以根据他们的职业特点，穿着时尚、个性化一些。

（4）穿着要和环境相协调。上班、旅游、居家、喜庆场合着装要求大相径庭，要注意选择。

▲ 教师着装

三、男士西装着装规范

男士面试着装的首选即西装。

❶ 男士西装的颜色搭配

（1）两个单色，一个图案：在西服套装、衬衣、领带中，最少要有两个单色，最多有一个图案。

（2）深浅交错：

◆ 深色西服配浅色衬衫和鲜艳、中深色领带；

◆ 中深色西服配浅色衬衫和深色领带；

◆ 浅色西服配中深色衬衫和深色领带。

❷ 西装的三个“三”原则

（1）三色原则：即全身穿着限制在三种颜色之内。

（2）三一定律：鞋子、皮带、公文包 一个颜色。

（3）三大禁忌：忌衣袖商标未摘掉，忌西装与皮鞋不相配，忌不打领带。

❸ 西装的纽扣扣法

三粒扣：扣上面两粒或只扣中间一粒或都不扣。

四粒扣：扣中间两粒或都不扣。

两粒扣：扣上面第一粒或都不扣。

一粒扣：可扣可不扣。

❹ 西装的搭配

（1）白衬衣是男士永远的时装：

◆ 合体，系上最上一粒纽扣，能伸进去一个到两个手指；

◆ 衬衫领子应露在西服领子外 1.5cm 左右；

◆ 抬起手臂时，衬衫袖口也应露出西服袖口外 1.5cm 左右，以保护西服的清洁；

◆ 衬衣的下摆一定要塞到裤腰里。

（2）领带是男士西装的灵魂：

◆ 当站立时，领带的长度要及皮带或皮带扣下端 1~1.5cm；

◆ 领带结的大小应与衬衫领口敞开的角度相配合；

◆ 当打上领带时，衬衫的领口和袖口都应该系上；

◆ 如果取下领带，领口的纽扣一定要解开。

领带的常见打法如下图：

平结：适用于各种材质，注意领结下方所形成凹洞需两边均匀对称，男士选用最多。

交叉结：适用于单色素雅且较薄的质料，可以展现流行感。

双环结：第一圈稍露出于第二圈之外，适合年轻上班族。

温莎结：适用于宽领，多向横向发展，要避免材质过厚，打得过大。

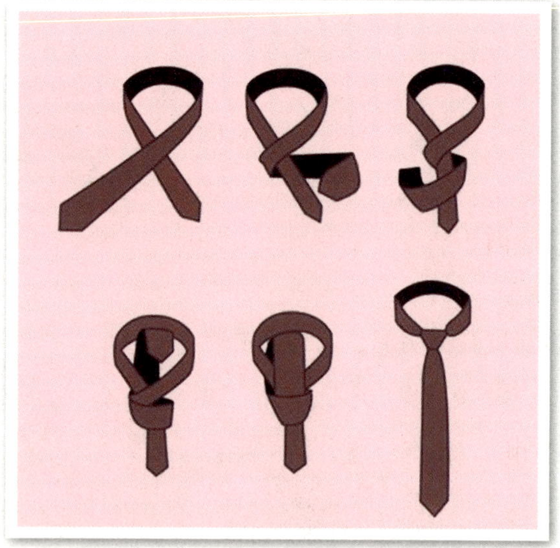

平结

交叉结

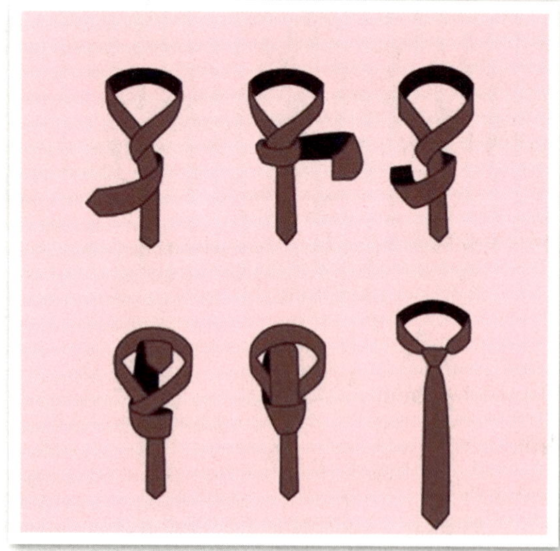

双环结

温莎结

▲ 领带结常见打法

(3)鞋与袜，决不可忽视的细节：

- 正式西服不应配休闲鞋；
- 黑色的皮鞋搭配任何西装都没错；
- 浅色的皮鞋只能搭配浅色的休闲西服；
- 穿正式西服时应穿深色(如黑色)的袜子；
- 穿白西装、白皮鞋时才能穿白袜子；
- 最好选择长及小腿肚的中长袜。

四、职业女性着装规范

女士在正式场合着装，以裙装为佳。在裙装中，套裙是首选，在多数人眼里，套裙与职业女装直接画上了等号。一套正规的套裙，一般是由一件女式西服上衣和一条短裙构成的，也有一件女式西服上衣和一条无袖背心裙，或者是背心、短裙及一件女式西服上衣构成。一般而言，套裙要同色同质的素色高档面料，较少使用饰物和花边进行点缀，裙子以窄裙为主，裙长及膝或过膝。

有位女秘书是财税方面的行家，有很好的学历背景，常能提出很好的建议，在公司里表现一直非常出色，但她到客户公司提供服务时，对方主管却不太注重她的建议。一位时装师发现端倪：这位女秘书 26 岁，身高 147 厘米，体重 43 公斤，着公主装，看起来机敏可爱，像个 16 岁女孩，外表实在缺乏说服力。时装师建议她着装要强调出学者的气质，着深色套装，用对比色的上衣、丝巾、镶边帽子来搭配，再戴上黑色的眼镜。女财税专家照办了。结果，客户的态度有了较大的转变，很快她便成为那家公司的董事之一。

这个案例生动地告诉我们：女士在商务场合，必须关注自身的形象，通过服饰塑造良好的职场形象，从而增加在职场竞争的砝码。

职业女士着装要注意的除了上文中已提及的服装配色外，还有以下几点：

1 版型选择

常见的女士套裙有以下四种版型：

H 型：上衣较为宽松，裙子亦多为筒式。这样一来，上衣与下裙便给人以直上直下，浑然一体之感。这种版型会使着装者显得优雅、含蓄和俊朗，也可以为身材肥胖者掩饰缺陷。

X 型：上衣多为紧身式，裙子则大多是喇叭形。实际上，它有意识地以上紧下松来突出着装者纤细的腰部。此种版型的套裙轮廓清晰生动，可以体现着装者姣好的身材，使其看上去婀娜多姿、楚楚动人。

Y 型：上衣为宽松式，裙子多为紧身式，并且以筒式为主，总体感觉上松下紧。一般来说，它意在掩饰着装者上半身的短处，同时表现下半身的长处。这种版型的套裙往往会令着装者看上去亭亭玉立、端庄大方。

A 型：上衣多为紧身式，裙子则为宽松式。此种上紧下松的版型，既能体现着装者上半身的身材优势，又能适当地掩饰其下半身的身材劣势，还在总体上显得松紧有致，富有变化和动感。

▲ H型套裙

▲ X型套裙

▲ Y型套裙

▲ A型套裙

❷ 套裙的搭配衣物

套裙的搭配主要考虑衬衫、内衣、鞋袜的选择是否得当。

(1) 衬衫

面料：轻薄、柔软，可采用真丝、麻纱、府绸、罗布、花瑶布、涤棉等。

颜色：以单色为佳，除了白色，其他颜色不宜过于鲜艳，与所穿套裙的颜色相协调。

注意事项：

①衬衫的下摆必须掖入裙腰之内，不得任其垂挂于外，或在腰间打结。

②纽扣要全部扣好，除最上端的一粒可按惯例不扣之外，其余都要扣好，不能随意解开。

③ 公共场合，不可随意脱下外衣，直接将衬衫穿在外面，特别是穿紧身、透明的衬衫时，更要注意。

（2）内衣

内衣是女士“贴身的关怀”，除柔软贴身、大小合适外，还要能烘托女性线条。面料以纯棉、真丝为宜。颜色多选用白色、肤色、粉红色等。

（3）鞋袜

鞋袜被称为“脚上风光”，选择鞋袜时，应当以皮鞋和丝袜为主。在颜色上，黑色皮鞋和皮肤色的连裤袜最为正统，也可以选择与套裙色彩一致的皮鞋。鞋子在与套裙搭配穿着时，款式以高跟、半高跟的船形皮鞋为主，不宜采用系带式皮鞋和丁字式皮鞋。在正式场合，皮靴和皮凉鞋也不宜与套裙搭配。女性穿套装最好备用一双丝袜。

朱莉面试时的服装，首推套装。颜色和款式可以根据自己的喜好来选择，但必须与准上班族的身份相符。套装穿着得体，显得知书达理，能达到外表美和心灵美的和谐统一。一些年轻女孩不喜欢套装，觉得套装过于成熟，其实只要选对了适合自己的款式和颜色，即使是套装也能穿出明快的感觉来。著名时装设计师韦斯伍德曾说：“一个不喜欢看女人穿套装的男人，不是傻瓜就是脑子有问题。”所以，千万不要把套装和自己隔离开来。

温馨提示

服饰美是外在美，要与内在的修养和谐统一才会让人感觉如沐春风。只在乎外在美而忽略内在美的修炼，必然会让人生出华而不实之感。如一位性格活泼的姑娘，身穿裘皮大衣在路边与他人手舞足蹈地高声谈笑，旁若无人，让人看了很不舒服。尽管裘皮大衣高贵华丽，但与姑娘的行为极不相称，她给人一种“张扬”“毛躁”的感觉。

女士裙装四大禁忌

裙、鞋、袜不搭

光腿或渔网袜搭职业套裙

服装把腿分成三截

皮裙

探索2：配饰，点睛之笔

朱莉的问题

我已经选好面试的服装了，虽不至于老气横秋，可总还觉得过于成熟，少了青春朝气。如果着装里有个亮点，兴许能使人眼前一亮。听说饰物有很好的画龙点睛作用，却又不敢轻易尝试，怕反而弄巧成拙。唉，真不知道到底选什么配饰好，也不知道这些饰物在佩戴时有些什么讲究呢？

一、饰品佩戴的四个原则

❶ 符合身份

"影响工作、炫富、炫耀性别优势"的首饰不能戴。

❷ 以少为佳

饰品每种不多于两件（如耳环、手镯），总数不超过三件。

❸ 同质同色

多首饰应同质同色，或不同质至少也要同色。

❹ 符合习俗

如十字架形的挂件在国际交往中不宜佩戴。

二、饰品的佩戴方法

学生面试求职，比起佩戴戒指、项链、耳环等成熟复杂的饰品，仅用一条颜色与服装搭配协调的丝巾更能展示青春朝气。下面介绍几种常见的丝巾系法：

❶ 基础结

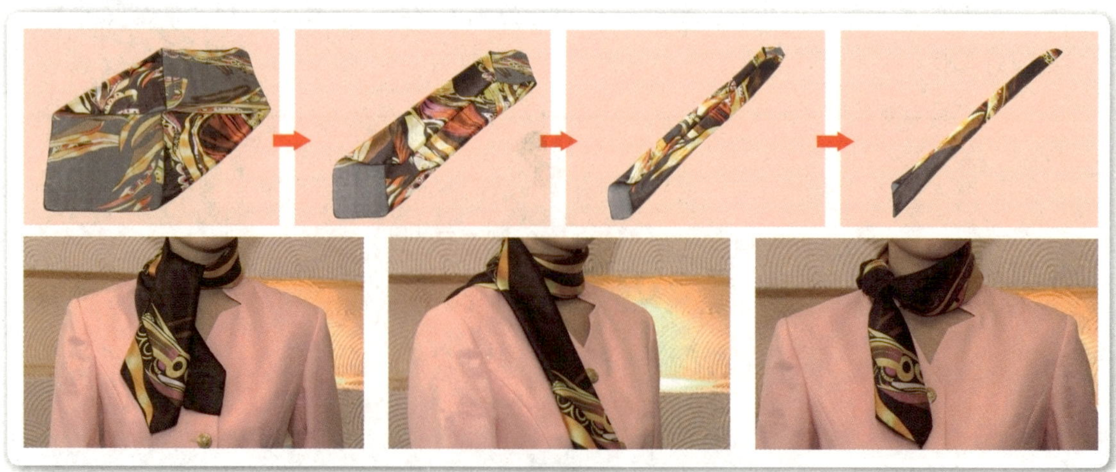

▲ 基础结组图

❷ 玫瑰花结

▲ 玫瑰结组图

❸ 糖果结

▲ 糖果结组图

朱莉才从学校毕业，如果选择戒指、项链、胸花等饰物，可能会在已有套装的基础上显得更老成，同时，首饰类配饰也与其身份不吻合。所以，选择一条绚丽的丝巾，来搭配颜色较为单一的套装，既能显得年轻，又能体现身份特征，是相当不错的选择。

加油站

工作场合漂亮的服装和配饰都很重要，但工作场合不是表现个性的地方，一切配饰简约为上，宁可不戴，不可滥戴。艺术性强、民族特色浓的首饰，能免则免。出席社交场合，与礼服相搭配的首饰可以是全套的项链、耳环，会有非常明显的装饰效果。着套装时饰品规格相比礼服来说要小些，所以饰品佩戴要简单点。要努力让首饰为服装画龙点睛，锦上添花。

温馨提示

不同的职业在佩戴饰品时有不同的讲究：

1. 工人、职员佩戴首饰要尽量简洁。醒目的戒指、粗大的手镯、晃动的耳坠都会给操作带来不便，甚至会酿成事故，尽量避免。

2. 教师在授课时不宜佩戴首饰，以避免分散学生注意力，影响教学效果。幼儿园老师佩戴饰品，要注意饰品不能有尖角、楞角，以免伤到儿童。

3. 文艺工作者可以选择凸显个性、艺术性较强的首饰，在生活中不自觉地发挥着“领导新潮流”的作用。

4. 医务工作人员，尤其是接触病人的医护人员和手术室工作人员，应尽量避免佩戴首饰，保持皮肤的清洁，防止细菌滋生，有益于自身及他人的健康。

话题小结

“人靠衣装马靠鞍”，一个人的衣着服饰塑造了他的个人形象，展现他的审美趣味和个人品位，着装得体可以帮助个人建立自信，也表示了对他人的尊重，有助于在人际交往中留下良好印象。职业服饰不仅表达商务人员自身的审美需求，同时满足交往对象的审美需求，也是企业提升形象和美誉度的需要，职场人不可马虎大意。

礼仪小舞台

1 案例分析：

2002年，著名表演艺术家程冰如在香港遭遇了着装带给他的窘境。程冰如回想起当时的情景还感慨不已："我身边的几位老总穿得都很到位：精制西装，风度翩翩，头发抹的光亮整齐，整齐得能看出梳子在头发上划过的一绺绺痕迹。那位明星一头短发，上衣的两个大尖领，像两把刀一样锋利地伸向两肩，雪白的脖子上是金光闪闪的小珠子项链。胡慧中身穿明艳的晚礼服，黑色套头衫，显得那么帅气，那么干练。我呢，尽管西服料子不错，也合体，只是穿了一个星期没离身，裤线早没了，上衣的兜盖不知怎么的反了向了，兜口老是张着，领带呢，恰巧又忘了戴。"

程冰如说最发怵的是头和脚。头发乱，因为他从来不抹油，习惯于早上起床后用梳子随便梳两下就算完事。"当时，头发都各自为政地在头上横躺竖卧，尤其是脑后'旋儿'旁边的那一绺，高高地矗立着，不照镜子都能'心知肚明'。脚下一双皮鞋更显得寒酸，因为我穿着它已经走了整整一个星期。不亮不说，整个都走了形，像两个大鲶鱼头套在脚上。"

程冰如说他感到了一种不自在，一种被环境隔离开来的不自在。从那以后，程冰如非常注意自己的公众形象，在不同时间、不同场合的服饰穿着力求完美。

试想一下：程冰如在画展上为什么会有"一种被环境隔离开来的不自在"的感觉?

2 在老师的指导下，学会男士两种领带的系法和女士两种丝巾的打法。

话题2 发肤容貌

学习目标

1. 了解职业发型的修饰要求。
2. 学会职业妆容的面部修饰。

案例导引

根据以前学到的服饰礼仪知识，朱莉和张磊费尽心思选好了自己的服装，高兴地来找就业指导处的刘老师指导。

刘老师看到他们换上服装的效果，就忍不住笑起来。朱莉和张磊还不知问题出在哪里。刘老师让他们站到镜子前……

探索1：美丽从“头”开始

朱莉的问题

我打量镜子里的自己，一身黑色套裙，白色衬衣，黑色皮鞋，肉色丝袜，脖子上还戴上了一条绚丽的丝巾，不错，可以打80分。可是，刘老师为什么笑成那样？我又转过去看看张磊，好像也挺好的呀！等等，他头发上粘着的是什么啊？粥汤？还是蛋黄？

有一位资深的形象设计专家曾经指出：“在一个人身上最引人注意的地方，首先是他对自己头发所进行的修饰。”因此，每一位维护个人形象和公司形象的工作人员，自然地都会从“头”做起。

一、关于头发

对头发的基本要求是干净、整齐，发型简单大方，服务人员尽量不染发。

二、关于发型

女士发型要求前不盖额，后不过肩，提倡盘发，忌披发。

- 时尚得体，美观大方，符合身份；
- 不佩戴华丽的头饰，避免出现“远看像圣诞树，近看像杂货铺”的场面。

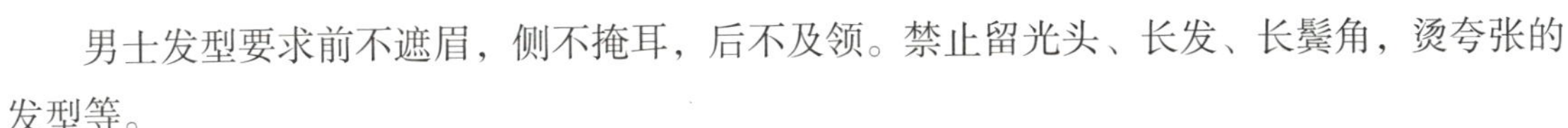

男士发型要求前不遮眉，侧不掩耳，后不及领。禁止留光头、长发、长鬓角，烫夸张的发型等。

▲ 男、女发型图

张磊和朱莉都是认真守规矩的学生，既没有染发也没有烫发，张磊的头发长度也符合要求，但朱莉在张磊的头发上发现了不明物体，这就是头发清洁的问题。

刘老师之后也指出朱莉的发质属于油性，应每天清洗，像现在这样，服装非常美，但是头发油腻腻的，给人的感觉非常不舒服。

所以今后大家出门之前、集体用餐之后，都应该检查自己的仪表，避免闹笑话。

探索2：得体的妆容是对他人的尊重

朱莉的问题

经过刘老师的指点，自己看起来比以前顺眼多了。难怪当美容师的堂姐常跟我说，她给新娘化妆的时候，最主要的不是服装而是发型。刘老师还说，为了体现对面试官的尊重，我还应该化个淡妆。可是我除了润唇膏之外，什么化妆品都没用过，看来，还得再去请教一下堂姐。

化妆是一门艺术，它涉及美学、生理学、心理学、造型艺术等学科。化妆又有很多技巧，它不是单纯的涂脂抹粉，更不是把自己打扮得花枝招展，而是要塑造淡雅清秀、健康自然、鲜明和谐、富有个性的容貌。

一天，黄先生到一家单位洽谈业务。接待他的是一位五官清秀的前台工作人员，服务工作做得很好，可是她面无血色，显得无精打采。黄先生一看她就觉得心情欠佳。仔细留意发现，这位工作人员妆容不合适。上茶时，黄先生又突然看到她涂的指甲油缺了一块，他的第一反应就是是不是掉在他的茶水里了。会谈结束后，黄先生经过前台，看到这位工作人员一直对着反光玻璃墙面修饰妆容，丝毫没想到要送一送他。自此以后，黄先生再也没去过那家单位。

化妆很重要，我们需要了解一下化妆的基本知识，学会怎样给自己化一个自己满意、别人看了养眼的妆容了。

一、女士妆容的注意事项

1 化妆的基础

化妆的基础是面部的清洁，把脸洗干净的同时，千万不要忘记清理耳朵；注意保持口腔卫生，饭后及时刷牙，不要有令人不悦的口气，更不能有饭菜的残渣。

2 化妆的原则

（1）扬长避短：突出美化自己脸上富有美感之处，掩饰面部的不足，以达到化妆的最佳效果。

（2）浓淡适宜：一般来说，化妆有晨妆、晚妆、上班妆、社交妆、舞会妆等多种形式，他们的浓淡程度都存在差别。因此化妆的浓淡要根据不同的时间和场合来选择。如工作妆要简约、清丽、素雅，而舞会妆则可浓艳。

（3）及时补妆：一般情况下，女士在用餐、饮水、出汗等之后妆容会受影响，应及时为自己补妆。

3 化妆的禁忌

（1）不要在公共场所化妆。

（2）不要在男士面前化妆。

（3）不要非议他人的化妆。

（4）不要借用他人的化妆品。

二、男士面部修饰的注意事项

男士和女士一样要注意面部清洁、耳朵清洁和口腔清洁，还要注意每日剃须，定期清理鼻腔，鼻毛长于鼻孔之外，极其有损形象。

随着社会的进步和职业的要求，有些服务行业的男士也会对面部进行修饰。一般会修饰眉毛、调整肤色和使用润唇膏，但是男士面部修饰切忌过分。

实际上，随着时间的流逝，一个人的容貌受外界因素的影响较大，所谓“相随心生，相随心灭”，相貌的形成取决于一个人遇到问题解决问题的心态。因此，从面相可以看到一个人的阅历和对生活、工作的态度。

美国林肯总统委托朋友给他推荐一名顾问，朋友蛮有把握地推荐了一位才识过人的阁员，林肯没有接纳。朋友问及原因，林肯说：“我不喜欢那个人的面孔。”朋友很奇怪，问他：“为什么以貌取人？他不能为自己天生的脸孔负责啊！”林肯说：“40 岁以前上帝负责，40 岁以后要自己负责。”人的天生相貌是父母给的，但后天仪容是可以自己去塑造的。“平和的心态形成平和的脸，挑剔的心态形成挑剔的脸。”这是大家踏上社会后，又要学习的一课。

不同脸型的眉形设计

1. 圆形脸：设计出上扬眉型，眉头压低，眉峰应略向上扬，呈微吊起来的形状，稍粗些，长短适宜，以达到使面部显长、五官舒展的效果，而不可设计出水平长眉，避免使脸形显得更加宽圆。

2. 方形脸：应设计出大方、近弧形的眉，能缓和面部棱角；眉峰略前移，眉梢不要拉长；不能设计出短、细、平的眉毛。

3. 长方脸：一般设计水平形状眉型可起到缩短、分割脸长度的视觉效果。眉峰后移，眉梢拉长。上扬眉、吊眉均有凸显长脸的作用，应避免。

4. 三角脸：一般设计出上挑圆弧形眉，眉峰位置近于外眼角上方，眉峰拉长些可使脸上方显得宽展些，此种脸形不配过弯的眉形，否则会夸大脸型下部的宽度。

5. 菱形脸：眉形设计不宜下斜、过长，否则会使颊部更为突出。

眼线的作用

1. 眼角下垂的眼睛：眼线从距眼角 1/3 处开始向上扬起，可以改变眼部轮廓。

2. 眼角向上吊起的眼睛：下眼线在眼梢处画得较低并与上眼线相交，可让眼角下移。

3. 眼间距远：在内眼角处将眼线向内画，缩小两眼间距。

4. 单眼皮的小眼睛：用较粗的线条描画整个上眼线，然后用眼影自然地修饰一下，可使眼睛变大。

与表姐沟通后，朱莉信心大增，羽西不是有句名言嘛：“世上没有丑女人，只有懒女人。”朱莉心想，化妆真是一门学问，相信自己只要认真练习，一定能让自己的仪容更加有亲和力，在职场上助自己一臂之力。

话题小结

整洁美丽的仪容要靠我们精心去装扮，正如黑格尔所说：“人遵循美的规律去创造世界，创造美，即使对他自己的自然面貌，也不是仅仅顺其自然，而想有意识地加以改变。”在商务场合，我们根据自己的实际条件借助化妆美化形象，为我们的职场生涯添加砝码。

礼仪小舞台

1 案例分析：

吴菲，某高校文秘专业高才生，毕业后就职于一家公司做文员。为适应工作需要，上班时，她化上整洁、漂亮、端庄的“白领丽人妆”：不脱色粉底液，修饰自然、稍带棱角的眉毛，与服装色系搭配的眼影，紧贴上睫毛根部描画的灰棕色眼线，黑色自然型睫毛，再加上自然的唇型和略显鲜艳的唇色——整个妆容清爽自然，尽显自信、成熟、干练。在公休日，她又给自己来了一个大变脸，化起了久违的“清纯少女妆”：粉红、粉黄、粉白等颜色的眼影，彩色系列的睫毛膏和眼线，粉红或粉橘的腮红，玫瑰唇彩，鲜亮活泼，整个身心都备感轻松。

带着适度悦人的妆容上班，心情很好，自然工作效率就高。一年来，吴菲借助自己得体的形象、勤奋的工作和骄人的业绩，赢得了公司同仁的好评。

你如何评价吴菲的两种妆容？对“化妆不只是技术，还是一门艺术、一种生活”这句话你是如何理解的？

2 请带好化妆工具，在老师的指导下化一款职业淡妆。完成后，在班内进行讲评。

3 请完成以下形象设计方案之一，要求：有文字说明、设计图纸、设计方案。

1. 白天商务活动；
2. 晚间宴会活动；
3. 高规格大型主题活动。

话题3 表情管理

学习目标

1. 了解微笑的作用，学会正确使用微笑。
2. 了解眼神的作用，学会正确的目光交流。

案例导引

刘老师：朱莉啊，你平时要多微笑，别老是那么严肃！

朱莉：没什么开心的事也要微笑吗？

刘老师：这样想可不行，你知道吗？昨天吴东去参加面试，就没有成功。我给他们人事部打了电话，他们说这个学生，从头到尾都板着脸，这样的人怎么能去面对客户呢？你看张磊，虽然有点不拘小节，但这方面倒很不错，见到人总是乐呵呵地打招呼，你也要多改进哦！

朱莉：谢谢老师提醒，我知道了！

探索1：微笑，表达内心的真诚

朱莉的问题

看着贴在《就业推荐表》上的照片，我真的有点担心自己是不是不会笑。刚才我问了同学，他们说我平时真的不大笑。怎么办？马上就要面试了，看来我真的要像以前礼仪老师教的那样，对着镜子练习微笑了。

微笑是唯一一种不分国籍的通用语言，它体现了人类最真诚的相互尊重与亲近。微笑也是最基本的礼仪，最能充分体现一个人的热情、修养和魅力，它应伴随着我们度过工作和生活中的每一刻。

微笑，是女性最重要、最美丽的妆容；

微笑，是男士良好修养的最佳体现。

一、微笑的基本要求

有魅力的微笑要求亲切、自然、甜美、得体。要笑得美丽从技巧来说，面部肌肉放松，嘴角微翘，露出上边六到八颗牙齿，所谓“笑靥如花”，要注意四个结合：

❶ 笑眼传神，要口眼结合

微笑要口眼结合，才能扣人心弦。

已故英国王妃戴安娜，在世人眼中一向风度非凡，让我们一起来看看她的微笑吧！左图中，只有一双眼睛，你看到她的笑意了吗？右图是一张完整的微笑图片，大家看一下，是不是口眼结合的微笑才是最美的呢？就连 2008 年北京奥运会的志愿者标志，也是笑眼儿弯弯呢！

▲ 微笑的眼睛

▲ 口眼结合的微笑

❷ 笑与神、情、气质相结合

“神”，就是神采奕奕；“情”，就是要笑出感情，笑得亲切、甜美；“气质”就是要笑得谦逊、稳重、大方、得体。

❸ 笑与语言相结合

语言和微笑都是传播信息的重要符号，声情并茂，相得益彰。

❹ 笑与仪表、举止相结合

笑时要举止适当，不能得意忘形、放浪形骸地笑。

二、微笑训练

❶ 情绪记忆法

可以想起那些最使你兴奋的事情，脸上会自然地流露出笑容。要使双颊肌肉用力向上抬，默念英文单词“Cheese”，英文字母“G”或普通话“茄子”音，用力抬高口角两端，注

意下唇不要过分用力。也可以嘴角微微向上翘起，让嘴唇略呈弧形，在不牵动鼻子、不发出笑声、不露牙齿的前提下轻轻一笑。

❷ 镜子练习法

做最使自己满意的微笑表情，离开镜子后注意保持这种表情。

❸ 独处练习法

一人独处，深呼吸、唱歌或听愉快的歌曲，忘掉烦恼，让心中充满爱意，笑意自然涌上脸庞。

❹ 诱导练习法

调动感情，发挥想象力，或回忆过去美好的、愉快的经历，或展望美好的未来，使微笑发自内心，笑出来的感觉才能最美。

微笑是最能打动人心的语言，是世界通用的沟通货币，是通向各国人们心灵世界的免费护照。朱莉明白了一定要在平时好好提高自己的微笑修养，学会对人真诚地微笑，竭力在未来给自己的职场形象加分。

温馨提示

在下述情况下，面露微笑是不合适的：

1. 进入气氛庄严的场所。
2. 对方满面哀愁。
3. 对方有某些先天的生理缺陷。
4. 对方出了洋相而感到极其尴尬。

探索2：眼睛也会说话

张磊的烦恼

以前参加过几次面试，见到面试官后，我总是很紧张，眼睛不知看哪里好，特别是自我介绍时，都不敢看面试官的眼睛，面试官让我看着他讲，我还是眼神闪烁不定。真不知道该怎样跟面试官进行目光交流。

我们说“眉目传情”，目光是最富于表现力的一种身体语言。看着您说话的对象，目光有焦点，会让对方觉得受重视。心笑脸就笑，脸笑眼就笑，目光会传递你内心的友好。

一、眼神的内涵

俗话说：“眼睛是心灵的窗户”。眼睛是人体传递信息最有效的器官，而且能表达最细微、最精妙的情感，显示出人类最明显、最准确的交际信号。

▲ 交流的眼神

眼神主要由注视的时间、视线、瞳孔的变化和注视范围四个方面组成。

❶ 注视的时间

一般连续注视对方的时间不要过长，以免让对方感到不适。特别是与异性目光接触时，最多不能超过 10 秒钟，否则，容易引起误会。

❷ 视线

仰视对方，一般表示尊敬、信任；频繁而又急速地转动目光，是掩饰内心想法的表现；死死地盯着对方显得不礼貌；东张西望则表示漫不经心。

❸ 瞳孔的变化

兴奋时，人的瞳孔会扩张到平常的 4 倍大；相反，生气或悲哀时，消极的心情会使瞳孔收缩到很小，眼神必然无光。所谓“脉脉含情”“怒目而视”等都多与瞳孔的变化有关。

❹ 注视范围

注视在不同场合是有不同范围的，不同的注视范围含义是不一样的。

（1）公务注视：公务注视区域是以两眼为底线、额中为顶点形成的一个“三角区”。这种注视会显得严肃认真，有诚意，容易把握住谈话的主动权和控制权。公务注视是在业务洽谈、贸易谈判或者问题磋商时所使用的一种注视。一个人在谈判中双目炯炯有神，反映他心情愉快、充满信心，有助于取得对方的信任和合作。相反，双眉紧锁、目光无神或不敢正视对方，都会被对方认为弱势，可能导致对自己的不利结果。不停地转眼珠则表示一个人可能有新的想法和主意。

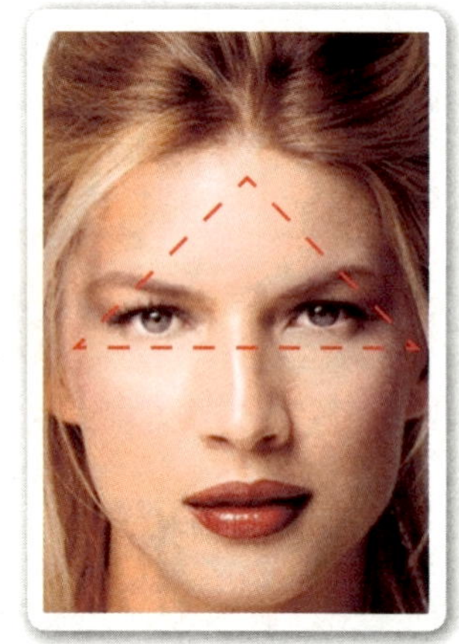

▲ 三角区

(2) 社交注视：社交注视范围是以两眼为上线、唇部为下顶点所形成的倒三角形区域，注视这个部位，目光应该平和、亲切，给人一种平等而轻松的感觉，可以创造出一种良好的社交气氛，像一些茶话会、舞会和朋友聚会可以采取这种注视。与朋友会面或被介绍认识时，可凝视对方稍久一些，这既表示自信，也表示对对方的尊重。送客时，要目送客人，等客人走出一段路，不再回头张望时，才能转移视线，以示尊重。如果你希望在争辩中获胜，那就千万不要移开目光，直到对方眼神转移为止。

(3) 亲密注视：在亲人、恋人和家庭成员之间，眼光可注视对方双眼到胸部之间的区域。这样注视表示亲近、友善。

(4) 眼神传递的其他信息：已被人注视而将视线移开的人，大多自觉相形见绌，有很强的自卑感；无法将视线集中在对方身上或看人后很快收回视线的人，多半属于内向型性格；听别人讲话，一面点头，一面却不将视线集中在谈话人身上，表明人对话题不感兴趣；说话时将视线集中在一个人身上，表明渴望得到对方的理解和支持；游离不定的目光传递出来的信息是心神不宁或心不在焉。

▲ 各种眼神

二、眼神训练

❶ 注视的部位训练

(1) 注视对方的眼神：表示自己对对方全神贯注，适用于问候、倾听、征求意见、强调要点、表示诚意、向人道歉或与人道别时，但时间不宜过长，一般以 3~5 秒为宜。

(2) 注视对方的面部：最好是对方的眼鼻三角区，不要聚焦于一处，以散点柔视为宜。

(3) 注视对方的全身：同服务对象距离较远时，服务人员一般应当以对方的全身为注意点，尤其是站立服务时。

(4) 注视对方身体的局部：根据情况需要，注视客人的某部位，例如，在递送物品时，应注视对方手臂。

❷ 注视的角度训练

（1）正视对方：在注视他人时，与之正面相对，同时还须面朝对方以示尊重。

（2）平视对方：在注视他人时，身体与对方处于相似的高度，表示出双方地位平等，本人不卑不亢。

（3）仰视对方：在注视他人时，本人所处位置比对方低，则需抬头仰视对方，给对方以受重视、被信任之感。

社交上忌讳的几种目光：盯视、眯视、东瞟西看、鄙视或不屑、咄咄逼人。

温馨提示

1. 如果对方沉默不语，不要盯着对方，以免加剧对方不安。

2. 招待多名客人时，既要按照先来后到的顺序对先来的客人多加注视，又要同时以略带歉意、安慰的眼神去环视一下等候在身旁的其他客人，这样能表现出招待者善解人意与对客人的一视同仁。

3. 在注视客人时，视线要保持相对稳定，变化自然，切忌上上下下、反反复复地扫视，使客人感到受冒犯。

4. 给人服务时不能翻白眼，显得目中无人、骄傲自大；也不能东张西望，给人以缺乏教养、不尊重别人的印象。

朱莉在面试时，应当与主考官保持目光接触，平视对方，既表示对主考官的尊重，也彰显自信。目光接触的技巧是：盯住主考官的鼻梁处，每次 15 秒左右，然后自然地转向其他地方，例如转向主考官的手、办公桌等其他地方；然后隔 30 秒左右，再转向主考官的双眼鼻梁处。切忌目光犹疑，躲避闪烁，显得缺乏自信。但是，也不能光盯着主考官一个人，要注意同时兼顾一下其他考官。当其他考官提问时，应转头面向对方。

话题小结

人的面部表情丰富且复杂，是人在不同场景下向交往对象传情达意的重要信号，是人际沟通中真实心理的外在表现。在商务活动中，一个训练有素的商务人员一定要学会运用恰当的表情礼仪去尊重对方，同时理解对方丰富的表情内涵，实现良性互动，提高工作效率和促进商务交往。

礼仪小舞台

❶ 案例分析：

飞机起飞前，一位乘客请示空姐给他倒一杯水吃药，空姐很有礼貌地说："先生，为了您的安全，请稍等片刻，等飞机进入平衡飞行后，我会立刻把水给您送过来，好吗？"15 分钟后，飞机早已进入平衡飞行状态。突然，乘客服务铃急促地响了起来，空姐猛然意识到：糟了，由于太忙，忘记给那位乘客倒水了。空姐来到客舱，看见按响服务铃的果然是刚才那位乘客，她小心翼翼地把水送到那位乘客眼前，微笑着说："先生，实在对不起，由于我的疏忽，延误了您吃药的时间，我感到非常抱歉。"这位乘客抬起左手，指着手表说道："怎么回事？有你这样服务的吗？你看看，都过了多久了？"空姐手里端着水，心里感到很委屈。但是，无论她怎么解释，这位挑剔的乘客都不肯原谅她的疏忽。

接下来的飞行途中，为了弥补自己的过失，每次去客舱给乘客服务时，空姐都会特意走到那位乘客面前，面带微笑地询问他是否需要水，或者别的什么帮助。最后，这位挑剔的乘客留言："在整个过程中，你表现出的真诚的歉意，特别是你的 12 次微笑深深打动了我，使我最终决定将投诉信写成表扬信！你的服务质量很高，下次如果有机会，我还将乘坐你们的这趟航班。"

请想一想：在这个案例里微笑有何作用？我们平时在微笑时要注意什么？商务人员在微笑时应注意什么？

❷ 老师拍摄学生上课微笑的表情，课堂上进行点评。

❸ 同学们分组，让一组画出另外一组做出的微笑表情，课上进行点评。

话题4 面试礼仪

学习目标

1. 了解常用的称呼礼节，学会正确使用称呼。
2. 了解常用的见面礼，学会正确的行礼。
3. 了解面试前的准备事项。

案例导引

明天就要去面试了，因为这次面试是该公司首次面对中职生招聘，学校领导都非常重视。在这次面试前，各位老师都给予了朱莉和张磊非常大的帮助。

探索1：称呼礼仪

朱莉的问题

对镜练习了好久，我感觉自己的微笑已经比较自然，眼神也比较自信平和了。明天就要面试了，见到面试官后，我该怎么办呢？是不是要跟面试官打声招呼啊？可是，应该怎样打招呼呢？

在社会交往中一个得体的称呼，会令对方如沐春风，为以后的交往打下良好的基础；不恰当或错误的称呼，可能会令对方不悦，影响到彼此的关系。因为称呼不仅反映自身教养和对对方的尊重，还体现着双方关系的发展程度。

著名传记作家叶永烈写《陈伯达传记》时，需要采访陈伯达。见面怎样称呼？叶永烈颇费了一番心思。采访的前一天晚上，叶永烈辗转反侧：叫他陈伯达同志，不合适，因为陈伯达是在监狱服刑的犯人；叫他老陈，也不行，因为陈伯达已经是 84 岁的老人了，而自己才 48 岁。究竟应怎样称呼他呢？突然叶永烈灵机一动——称呼他“陈老”，这是再恰当不过的称呼了。果然，第二天采访时，叶永烈一声“陈老”，令陈伯达感动万分，眼里充满了泪花。由此可见，得体的称呼真可谓交际的“敲门砖”。

在称呼对方时，商务人员应该注意称呼正规、区分对象、称呼顺序、称呼禁忌等 4 个方面。

一、称呼正规

在不同的工作岗位上，人们所使用的称呼各有不同。下述五种正规的称呼方式是广泛采用的：

❶ 称呼行政职务

在正式场合称呼行政职务以示敬意有加、身份有别，这是接待活动中最常见、最正规的一种称呼方式。如“张校长”“李书记”“王经理”等。

❷ 称呼技术职称

对有技术职称特别是具有高级专业技术职称者，称其技术职称以示对其敬意有加。如“张教授”“李工程师”“张技术员”等。

❸ 称呼学位名称

在交往中，特别是学术活动中，以交往对象的学术学位相称，既可增强现场的学术气氛，又可增加被称呼者的权威，如“章博士”等。

❹ 称呼职业名称

在接待活动中，当接待人员仅仅了解接待对象所从事的具体行业，而不清楚对象的行政职务、技术职称或学术学位时，直接称呼被称呼者的职业名称，是不失礼的一种方式。比如，可以统称教员为“老师”，称医生为“大夫”，称警察为“警官”等。

❺ 称呼通行尊称

通行尊称也称为“泛尊称”，适用于各类被称呼者，诸如“同志”“先生”等。

二、区分对象

当面对不同行业、不同职务、不同身份乃至不同性别的接待对象时，接待人员还须根据交往对象的不同，在称呼上有所区别。一般说来，对于成年人，可以将男士称为“先生”。在称呼妇女时，对已婚者称“太太”为多，对未婚者或不了解其婚否者可称“小姐”，对于不了解其婚否者亦可称之为“女士”。有几点需要特别重视：

❶ 政务活动

在政务活动中，除了可以使用“泛尊称”外，还可以称呼对方的行政职务，如“总统”“王子”“陛下”“首相”等。

❷ 军事交往

在军事交往中，对于军界人士，最佳的称呼是称其军衔或职务，如“莫利上校”“杰克中尉”“李军长”等。

❸ 宗教活动

在国外的宗教活动中，对于神职人员，一般均应以其神职相称，如“福特神父”“传教士先生”“嬷嬷”等。

❹ 一般场合

在一般场合中，对于教授、研究员、工程师、律师、法官、医生、博士等人员，均可直接以职业相称，对方会感觉十分顺耳。

在未经介绍的情况下，朱莉作为学生，可以把面试考官统称为老师。如果对方已经做了自我职务的介绍，可以称呼其“××经理”“××秘书”等。

三、称呼顺序

同时称呼多名接待对象时，一定要首先分清主次。在实际中的标准做法有下列四种：

❶ 由尊而卑

它的具体含义是，称呼多名人士时，应当自其地位较高者开始，自高而低，按顺序进行。

❷ 由疏而亲

它的具体含义是，若被称呼的多名人士与自己存在亲疏之别，为避嫌疑，一般应当首先称呼其中与自己关系生疏者，然后再称呼其中与自己关系亲近者。

❸ 由近而远

有时不便细分多名被称呼者的尊卑、亲疏，那么则不妨以对方距离自己的远近来进行，即先称呼距离自己最近者，然后依次称呼距离自己较远者。

❹ 统一称呼

在一些特殊情况下，对多名接待者对象不必一一称呼，或者不便一一称呼时，可采用统一称呼对方的方式作为变通。例如，以“诸位”“大家”“各位来宾”“女士们、先生们”等方式直接称呼对方。

今天来了5位面试考官，如果有席次卡的话，从座次安排上大致可以推断出5位面试官的职位高低（席位安排见第三幕），从尊到卑的顺序依次称呼各位考官。当然，也可以采用统一称呼如“各位老师”。

四、称呼禁忌

在接待活动中，千万注意不要因为称呼而冒犯对方的禁忌。一般而言，以下四种错误称呼，都是接待人员平日不宜采用的：

❶ 错误的称呼

在称呼接待对象时，千万不能有任何形式的差错。因为不论是何种差错，显然都是十分失礼的。

❷ 庸俗的称呼

接待人员在正式场合如采用某些市井流行的甚至带有显著的黑社会风格的低级庸俗的称呼，是既失礼，又失自己身份的。

❸ 绰号性称呼

在接待活动中，任何情况下当面用绰号尤其是有侮辱性质的绰号称呼他人，都是不尊重对方的表现。

❹ 地域性称呼

有些称呼诸如“爱人”“对象”“师傅”“小鬼”等，具有很强的地域性特征。一旦不分对象地滥用，难免出错。

❺ 简化性称呼

在正式场合，有不少称呼不宜随意简化。例如，把“张局长”“王处长”称为“张局”“王处”，就显得既不正规，又不礼貌。

❻ 无称呼

社交场合对对方根本不用任何称呼，或者代之以“喂”“嘿”“下一个”“那边的”以及具体代码等，都是极不礼貌的。

❼ 距离不当的称呼

在接待活动中，若是与仅有一面之缘者称兄道弟，或者称其为“同学”“战友”“朋友”“老板”等，都是与对方距离不当的表现，接待人员应当避免使用此种称呼。

几种常见的敬语

1. 问候型敬语：人们彼此相见相互问候时使用的敬语，通常有“您好”“早上好”“久违了”等。

2. 请求型敬语：在请求别人帮忙时所使用的敬语，包括“请”“劳驾”“请多关照”“承蒙关照”“拜托”等。

3. 道谢型敬语：当自己在得到他人帮助、支持、关照、尊敬、夸奖之后表达谢意时所使用的敬语，包括“谢谢”“承蒙夸奖、不胜荣幸”“承蒙提携”等。

4. 致歉型敬语：当自己的行为对他人造成伤害或消极影响时，最平常的致歉型敬语包括：“对不起”“请多包涵”“打扰您了”“给您添麻烦了”“非常抱歉”等。

5. 其他场合下常用敬语：如等待客人说“恭候”；送客说“好走”“慢走”；请人勿送说“留步”；陪伴朋友说“奉陪”；中途先走说“失陪”；向人道贺用“恭喜”等。

温馨提示

礼貌称呼很重要，但是有些称呼在使用时要特别注意：

1. 同志。这一词已成为我国大陆公民彼此之间最普通、常用的称呼。这一称呼不分男女、长幼、地位高低，除了亲属之外，对所有人都可以使用。

2. 老师。目前，这一称谓在社会上也比较流行，有时人们出于对交际对象的学识、经验或某一方面的敬佩、尊重，常常以“姓+老师”来称呼对方，尤其在文艺界比较常见。

3. 先生。目前，泛指所有的成年男子。不过也有例外，如在美国，12岁以上的男子就可以称先生；在日本，对身份高的女子也称先生。在我国知识界，也喜欢对有学问的女子称先生。先生这一称谓大方得体，既显示尊重，又彰显平等，有利于提高交际效果。

4. 师傅。大多用于工商、戏剧行业中传授技艺的人。但是，在我国北方人们对不认识的人都称呼师傅，使用比较频繁。

5. 小姐。在我国，这个称呼在某些场合指从事非法性交易的女人，但有些人会在饭店称呼女服务员为小姐。在国外，“小姐”是对未婚女子的称呼。对年龄偏大的女士叫小姐，对方会很高兴，因为这样有夸她年轻之意，对方往往乐意接受。

探索2：选择恰当见面礼节

朱莉的问题

学习了称呼礼仪，我知道怎么称呼了，可是见到面试官后该怎样致意问好呢？不可能就称呼一声“老师好”就算完了吧？傻傻地站着等他们问话？这样也显得太不礼貌了。常见的见面礼节有哪些呢？

《林肯传》中有这样一件事：一天，林肯总统与一位南方的绅士乘坐马车外出，途遇一老年黑人摘帽深深地向他鞠躬。林肯点头微笑并也摘帽还礼。同行的绅士问他：“为什么你要向黑鬼摘帽？”林肯回答说：“因为我不愿意在礼貌上不如任何人。”可见林肯深受美国人民的爱戴是有其原因的。

常用的见面礼节有握手礼、脱帽礼、拥抱礼、鞠躬礼、拱手礼、亲吻礼等。

❶ 握手礼

握手礼是国际通用的礼节，一般尊者先伸手，另一方及时呼应。地位低的人不可贸然抢先伸手，不然就是失礼。来访时，主人先伸手以表示欢迎。告辞时，待客人先伸手后，主人再相握。握手的力度以不握疼对方的手为限度。初次见面时，时间一般控制在 3 秒钟内。

❷ 脱帽礼

见面时男士摘下帽子或举一举帽子向对方致意或问好；若与同一人在同一场合前后多次相遇，则不必反复脱帽。进入主人房间时，客人必须脱帽。在庄重、正规的场合应自觉脱帽。

❸ 拥抱礼

拥抱礼流行于欧美国家，多用于官方、民间的迎送宾客或祝贺致谢等社交场合。行礼时两人相对而立，上身稍稍前倾，各自右臂偏上，左臂偏下，右手环拥对方左肩部位，左手环拥对方右腰部位，彼此头部及上身向右相互拥抱，最后再向左拥抱一次。

❹ 鞠躬礼

鞠躬源自中国，现在作为日常见面礼节已不多见，但盛行于日本、韩国和朝鲜，是那里的常见礼节。行鞠躬礼时应立正，脱帽，微笑，目光正视，上身前倾 15º ~ 30º（赔礼、请罪时例外）。平辈应还鞠躬礼，长辈和上级欠身点头即算还礼。

行鞠躬礼时，行礼者在距受礼者 2 米左右，身体立正，面带微笑，目视受礼者。女士鞠躬时手合拢，自然放在身前并弯下身子；男士则将双臂自然下垂在身体两侧，弯腰到一定程度后恢复原态。受礼者一般鞠躬还礼，长者、女士、宾客还礼时可不鞠躬，欠身点头即可。

鞠躬弯腰角度因场合、对象的不同而有所不同。一般而言，角度越大，表示越谦恭，对被问候者越尊重。

一般致礼要求 15° 左右，表示一般致敬、致谢、问候。敬礼要求 30° 左右，表示恳切的致敬、致谢和歉意。敬大礼要求 45° 左右，表示很诚恳的致敬、致谢和歉意。敬最大礼要求 90° 左右，在特殊情境，如婚礼、葬礼、谢罪、忏悔等场合才行 90° 大鞠躬礼。

▲ 鞠躬训练 1

▲ 鞠躬训练 2

❺ 拱手礼

拱手礼，又叫作揖礼，在我国至少已有 2 000 多年的历史，是我国传统的礼节之一，常在人们相见时采用，即两手握拳，右手抱左手。行礼时，不分尊卑，拱手齐眉，上下加重摇动几下，行大礼时可先作揖后鞠躬。

拱手礼主要用于佳节团拜活动、元旦春节等节日的相互祝贺。也有时用在开订货会、产品鉴定会等业务会议时，厂长经理拱手致意。

❻ 亲吻礼

（1）吻手礼：在西方国家，男士同上层社会贵族妇女相见时，如果女方先伸出手作下垂式，男方则可将指尖轻轻提起吻之；但如果女方不伸手表示，则不吻。如女方地位较高，男士要屈一膝作半跪式，再提手吻之。此礼在英法两国最流行。

▲ 萨科齐用吻手礼迎接瑞典女王储

▲ 合十礼

（2）接吻礼：多见于西方、东欧、阿拉伯国家，是亲人以及亲密的朋友间表示亲昵、慰问、爱抚的一种礼节，通常是在受礼者脸上或额上献一个吻。接吻方式为：父母与子女之间是亲脸，亲额头；兄弟姐妹、平辈亲友是贴面颊；亲人、熟人之间是拥抱，亲脸，贴面颊；在公共场合，关系亲近的妇女之间是亲脸，男女之间是贴面颊，长辈对晚辈一般是亲额头，只有情人或夫妻之间才吻嘴。

❼ 合十礼

合十礼又称合掌礼，流行于南亚和东南亚信奉佛教的国家。其行礼方法是：两个手掌在胸前对合，掌尖和鼻尖基本相对，手掌向外倾斜，头略低，面带微笑。

在众多的见面礼中，朱莉应该选择鞠躬礼，这是在面试的场合中最适用的见面礼节。另一种常见的见面礼“握手”，因涉及握手双方尊者优先的原则，因而在面试中不提倡应聘者主动使用。当然，如果面试官先伸手，应聘者也应热情相握。

探索3：不打无准备之仗

朱莉的问题

今天遇到陈老师，他拍拍我的肩膀问："你们明天参加什么单位的面试？"我说："是上海××国际贸易有限公司啊！"陈老师又问："你对这家单位了解多少？"我顿时无语了。我们需要做哪些准备工作呢？

面试前的准备是面试能否成功的一个基本条件，除了以上谈到的几个话题外，面试前还要做其他准备，如对应聘单位的了解、自己的心理调节、对面试问题的准备等。可以说，面试前准备充分面试不一定就能成功，但准备不充分，则很可能不会成功。因为即便是一些细节上的疏忽也会使你丧失机会。

一、面试前的资料搜集

面试之前，一定要广泛搜集各方面的资料与信息。有了充分的资料准备，做到有的放矢，会使"临场发挥"有底气，容易出彩。那么面试前需要搜集哪些资料呢?

一位市场营销专业的本科毕业生，满怀信心去应聘美国在广州投资兴办的"雅芳"（Avon）公司的销售人员，他原以为"雅芳"仅仅是这家公司美丽的名称而已，根本不知道"雅芳"是女性化妆品的注册商标。因此，在面试中当美方主考官问及他为何应聘该公司时，他不假思索地回答说："我喜欢'雅芳'。"主考官忍俊不禁，结果是面试败北。一个对产品一无所知的人，怎么可能会被录取为该产品的推销员呢?

❶ 搜集招聘单位和目标岗位的资料

面试前，先要了解清楚招聘单位的背景、性质、规模、特色、组织结构、发展前景等情况，还有你所应聘的职位、主要职责、该职位需要什么类型的人员、这个职位主要应用的专业知识和专业技能等。可以向了解此单位的熟人咨询，还可以通过各种媒介来寻求信息。

❷ 搜集主考官的有关情况

面试的考官多为用人部门的领导，应聘者如果了解了考官的教育背景、工作作风、兴趣爱好、他们喜欢的员工类型等，在面试时就更易于应对，对于日后更好、更快地适应新环境也是大有裨益的。

❸ 把自己的资料准备妥当

如果觉得自己符合应聘条件，准备好自己的专业资格任职证书、获奖证书等材料。去面试时，应把这些资料有条不紊地放在一个公文包里随身带去，以便主考官随时查看。还可以装一些有关工作或有助于谈话的资料。

二、面试前的心理准备

❶ 身心调整到最佳状态

应聘往往是“细节决定成败”，不仅仅是衣着打扮，还要注意自己的一言一行，甚至一个表情，一个小动作。

有一项实验，52 名人力资源专家参与，他们通过观看面试录像决定请谁来参加第二轮面试。这些专家被分成两组，一组观看的是一个有许多眼睛交流、显得精力旺盛的应聘者的录像，结果，26 个专家中有 23 人邀请这个应聘者再次参加面试；另一组专家观看的是一个很少有眼神交流，表现得没有多少活力的应聘者的录像，结果 26 个专家中没有一个人请他参加下一轮面试。

❷ 认清你自己

了解自己的人生目标、兴趣爱好、就业倾向等方面的情况，对照应聘职位的要求，正确看待自己的长处与差距。

❸ 克服不良心态

（1）迎合心理。由于对自己没有一个比较稳定而客观的评价，易受到外界的影响，迎合他人的观点和需要。

（2）羞怯心理。在求职时害羞胆怯，不能正常发挥能力。

（3）自卑心理。对自己的工作能力没有信心，对取得职位没有把握。

（4）侥幸心理。事前不认真准备，妄图靠侥幸获得工作机会。

❹ 调节情绪

（1）通过改变自我认识进行积极的心理暗示：我能行，我很棒，我已经做了最大的努力，机会一定会眷顾有准备的人。

（2）深呼吸法，从 1 数到 10，然后反复几次直到心理平静。

（3）想象法，想象自己能顺利、自信、坦然地通过面试，即使成功不了也可以优雅的转身，继续寻找属于自己的那一片展翅飞翔的天空。

温馨提示

在求职时最好永远不迟到。迟到是不尊重主考官的一种表现，也是不礼貌的行为。在职场上恪守时间往往同讲究信用紧紧联系在一起。求职时迟到，不仅打乱了对方的时间安排，而且让对方觉得你随随便便，对工作缺乏热情和责任心。一旦形成这种印象，你在面试中的表现再好也会大打折扣。

另外，也不要过于早到，提前的时间应在 15 分钟左右，最多不超过半个小时，以免对方觉得你不会合理调配时间，尤其是外企。

三、预设问题

❶ 面试官可能会问你的问题

面试前，对面试过程中用人单位可能向您提出的问题做充分的准备，对面试答辩肯定是有益的。这些问题包括你的自我介绍、工作和学习的成就、兴趣爱好、家庭情况、对学校生活的感受、与朋友家人的关系等。对这些问题，应事先做一个书面答案，答案要切题，简短，并熟记于心。

❷ 你想提出的问题

面试接近尾声时，不少考官都会问："不知你还有什么问题没有？"此时就是提问的最好时机，比如薪酬问题，如果考官没有说到，您此时就可以提出来；如果考官说到了，但你还不甚明白，你可以进一步了解，但要注意问询的方法。比如："我想贵公司对什么职务应享受什么待遇一定有完善的规章，我尊重公司的规定。当然有关我所应征的职位的报酬及其他福利，我也很想了解一下"等。

求职者可以问的问题包括：

（1）关于我的资历，不知是否有需要补充的地方？

（2）你们最近新设的厂址是否理想？

（3）是否可以简略介绍一下这个职位的工作范围？

（4）公司会提供多少在职培训？是哪一类的？

（5）公司对我们是不是会定期考核？

（6）贵公司长远来看有什么发展计划？

（7）大概何时我可获知面试结果？

（8）我可否稍后再和你们联系？

话题小结

俗话说：礼多人不怪。在人际交往中，使用恰当的称呼、问候和见面礼节是个人礼仪修养的体现，也是构建和谐人际关系的前提。它将引导你走向人生的成功之路。

面试是成功求职的临门一脚。求职者能使招聘人员确信求职者就是用人单位所需要的人才。要想在面试场合应对得体，在提高自己能力的同时，还要调整好心态。市场如此广大，只要你有真才实学，终究能找到用武之地。另外，提前对所要应聘的公司做好充分的调查研究，知己知彼，就会百战不殆。

礼仪小舞台

❶ 案例分析：

一位老板登报为公司招聘一名行政秘书，大约有 30 多人来应聘。这个老板从中选了一个男孩。他的合伙人问他：“你为什么单单挑中了这个男孩呢？他既没有带介绍信，也没有人推荐他。”“实际上，他带来了不少介绍信。”这个老板说，“他进门前，先在门口蹭掉了脚底下的灰，进门后随手关上了门，这说明他做事仔细小心；当他看到那个跛脚的老人时，立即起身让座，说明他心地善良，关心别人；我故意放了今天的报纸在地板上，其他的应聘者不是从报纸上迈过去，就是看到了也没有反应，只有他俯身捡起报纸把它放到桌子上，说明他注重公德修养；而且，他虽然不是衣着光鲜，但是十分整洁，不仅头发梳得整整齐齐，连指甲都是修剪得干干净净的，说明他是个懂礼貌、有教养的人；进了办公室，我问他的几个问题，他都回答得很干脆果断，表示他是个思维敏捷的人。这样的一个年轻人，你难道会认为他没有带来合适的介绍信吗？我相信，行政秘书对他只是一个开始，将来他一定大有前途。”

这则案例告诉我们要注意哪些方面的礼仪修养？

❷ 寒暄，也就是人们见面打招呼，以示礼貌或关心。请同学们之间尝试进行寒暄练习。

话题5 姿态礼仪

学习目标

1. 了解姿态、仪态的重要性。
2. 学会站、坐、蹲、走的礼仪规范。

案例导引

初试结果出来，朱莉和张磊进入了决赛，学校就业指导处的老师根据他们初试的表现，提出了一些宝贵的意见。两人还存在仪态上的问题。用人单位要求商务人员的举手投足有风度，能体现公司的精神风貌。于是，两人找到了进行形体训练的陈老师，请她做一些针对性的指导。

探索1：挺拔的站姿

朱莉的问题

形体老师说我的颈部比较长，一定要注意头颈不能向前倾，否则“白天鹅”就变成“长颈鹿”了。真没想到一个小小颈部的细节把握，会令站姿截然不同。所谓挺拔的站姿，优美的起点，我可不想让我的风度输在“站姿”这个起点上。但是，挺拔的站姿是怎么练成的呢？

仪态，又称“体态”，是指人的身体姿态和风度。姿态是身体所表现的样子，风度则是内在气质的外在表现。人的一举手、一投足有传情达意的功能，良好的仪态向他人传递个人的学识与修养，并据此交流思想，表达感情。正如艺术家达·芬奇所说：“从仪态了解人的内心世界，把握人的本来面目，往往具有相当的准确性和可靠性。”

中国人讲究“站有站姿，坐有坐相”，温文尔雅、从容大方、彬彬有礼已成为现代人的文明标志。仪态作为一种姿态语言，可帮助人们传递不同的信息。商务人员具有良好的仪态，可向客户、领导以及同事传递精力充沛、精神饱满、工作热情的信息。

仪态中，最典型的就是站、坐、走、蹲四个姿势，让我们来学习一下吧！

一、站姿的基本要领

概括地说，挺胸，抬头，收腹，目视前方，形成一种端正、挺拔、优美、典雅的气质美；女士双臂自然下垂，或交叠放在小腹部，左手在下，右手在上；男士两手也是自然下垂，或交叠放在身前或背于身后。

站姿的基本要领包括以下几个方面：

头正：头部正，头顶要平，身体的中心要平衡。

平视：目视前方。

微笑：心情愉快，精神饱满，充满活力，给人以感染力。

颈直：脖颈挺直，下颚微收。

肩展：双肩舒展，保持水平并稍微向后下方下沉。

挺胸：躯干要尽量舒展，给人以挺拔感。

收腹：微微收紧腹部，但要呼吸自然。

立腰：腰杆挺直，腰后部有紧张感。

提臀：臀部肌肉向内、向上收紧，重心有向上升的感觉。

并膝：膝盖并拢，不留缝隙。

并脚：脚跟并拢，脚尖呈“V”字形，大致45° 左右。

二、站姿的种类

站姿的种类，主要以脚位为依据，男女站姿的差异主要表现在手位和脚位的不同。

❶ 正步站姿

两脚并拢，两膝靠紧，两手自然下垂。这是最基本的站姿，体现严肃、端庄的仪态，可用于升旗仪式等场合，男女均可适用。

❷ 分腿站姿

两脚左右分开，与肩同宽，脚尖朝前且两脚平行，手可交叉于腹前，也可交叉于后背，通常男士采用。

▲ 正步站姿

▲ 分腿站姿

❸ 丁字步站姿

两脚尖略展开，一脚向前将脚跟靠于另一脚内侧中间位置，腰肌和颈肌略有拧的感觉。双手交叉于腹前，身体的重心可在两脚上，也可在一脚上，通过两脚重心的转移来缓解疲劳。此种站姿适合女士，体现亭亭玉立的仪态。

❹ 扇形站姿

两脚跟靠拢，脚尖呈 45° ~ 60°，身体重心在两脚上，两手垂放体侧，男女均可适用。

▲ 丁字步站姿

▲ 扇形站姿

❺ 不同站姿的含义

（1）站姿不正、身体歪斜，说明此人紧张，或者酝酿点子。

（2）双臂交叉在胸前站立，说明此人对对方不信任或者不满意，或者对对方的话很反感。这是个习惯性的保护动作。

（3）站立时喜欢倚靠东西，如桌子、墙壁什么的，说明此人自信心不够，这样的人行为处世比较保守。

（4）喜欢侧身对人，说明此人有逃避现实的心理。如果从侧面看上去垂头、屈膝、弓背、驼腰，说明这个人处于沮丧的松弛状态。

（5）挺胸直背、身体后仰、双腿绷直而立，说明此人不屈于现状，有雄心壮志。

三、站姿训练

❶ 靠墙训练

面带微笑，背贴墙壁，面朝前，双目平视，后脑、双肩、臀部、小腿肚、脚后跟紧贴墙壁，身体上下呈“五点一线”，感觉处于一个平面，站立 20 分钟。

❷ 顶物平衡训练

在头顶放置书本，要求上身和颈部挺直，收下颚，站立 10 分钟。此方法可以纠正低头、仰脸、头歪、头晃动及左顾右盼的毛病。

❸ 芭蕾舞手位动作训练

这可以提高学生眼、手与身体各部位的协调性，增加身体的柔韧性。

❹ 商务站姿训练

主要进行分腿站姿和丁字步站姿训练，纠正学生手位和脚位的错误和不足。

❺ 常见错误

（1）面无表情，神情呆滞。（2）目光斜视。（3）脚后跟没有并拢。
（4）双肩不平。（5）驼背。（6）挺腹。
（7）低头。（8）弯腰。（9）一腿站立、一腿抖动。
（10）双手下意识做小动作。（11）肌肉紧张、不自然。

▲ 错误站姿1

▲ 错误站姿2

面对考官，不论男士和还是女士，都要采用标准的礼仪站姿，即双腿并拢，两手下垂相握。男女不同的是，女士双手相握握四指，右手在上；男士双手相握握手背，左手在上。特别要注意不宜有的姿势：两腿岔开，手背在后面，或采用“稍息”姿势以及站姿歪斜松垮等。回答问题或与人握手时，要把上身前倾，腰略弯曲，表示谦恭。

探索2：优雅的坐姿

张磊的烦恼

形体老师说我坐姿太浮，不够稳重，明天和面试考官交流时，这种坐姿可能会影响面试效果。那么，稳重、端庄的坐姿到底如何把握尺度呢？

坐姿的风度要求稳重、端庄，体现对他人的尊重。优雅的坐姿呈现端庄美。女士坐姿要遵循一个原则，就是要使膝盖和脚尖的距离尽量拉远，小腿部分看起来显得更修长。

一、优雅坐姿的基本要领

❶ 入座姿态

上体可微微欠身后落座，但不宜低头、弯腰、含胸。尽量轻、稳、缓，不出异响。有桌时，须左进左出。无桌时，可走到座位前再转身落座。

❷ 坐定后姿态

座位不宜全坐满，坐 1/2 或 2/3 为宜。男士双膝可打开，脚跟、脚尖平行朝前，双手可自然分放在双膝；女士并拢膝盖，正向或斜向一侧，两脚平行相靠、双手环扣相握放于双腿 1/2 处。

❸ 离座姿态

先上体微微欠身离座，但不低头、弯腰、含胸，后收一小步离开座位。

二、坐姿的种类

❶ 正坐姿

两腿并拢，上身挺直坐正，小腿与地面垂直，两手放在双膝上。男士双腿可以略微分开但幅度小于肩宽。

❷ 侧坐姿

坐正。女士双膝并拢，上身挺直，两脚同时向左或向右，双手叠放于左腿或右腿上。

❸ 开关式坐

坐正。两小腿前后分开而双膝并拢，两脚前后在一条直线上，双手交叉于两腿之间或放在腿上。

❹ 女士侧身重叠坐姿

髋部左转 45°，头胸向右转，左小腿垂直于地面，右腿重叠于左腿上，右腿向里收，右脚尖向下，双手交叉放于腿上。

❺ 女士右侧挂式坐姿

在侧坐姿的基础上，将左脚提起挂在右脚踝关节处，两脚并拢。

❻ 男士前伸式坐姿

坐正，两脚前伸，双脚在踝关节处交叉。

❼ 男士后点式坐姿

正坐，上体微前倾，双小腿交叉向后曲回，双脚着地。

❽ 男士开关式坐姿

坐正，两小腿前后分开，两脚前后在一条线上，两手和握置于两腿间。

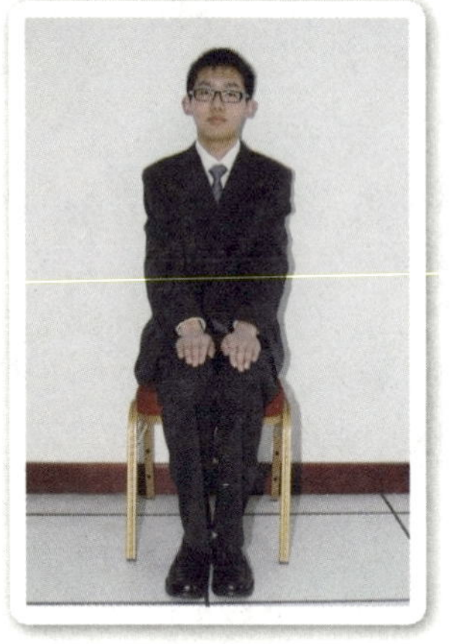

▲ 正坐姿

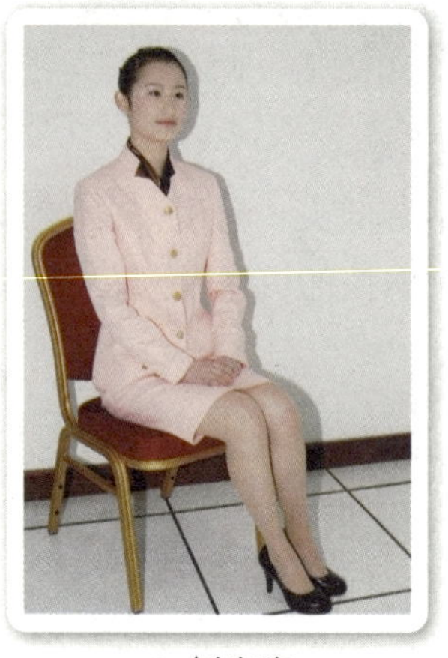

▲ 侧坐姿

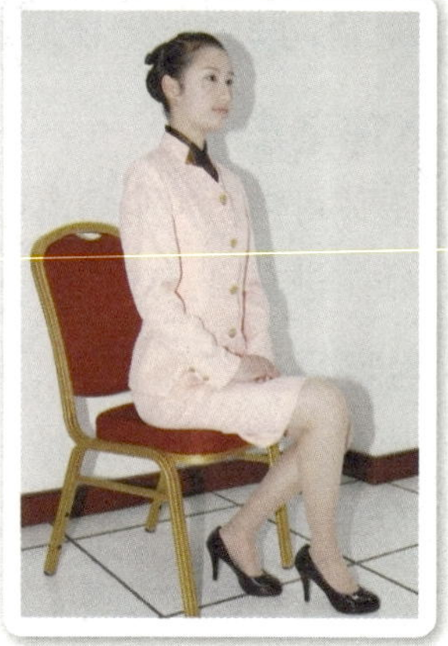

▲ 开关式坐姿

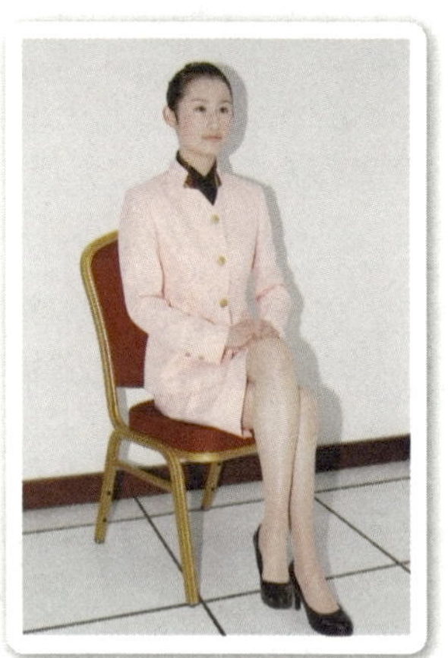

▲ 女士侧身重叠坐姿

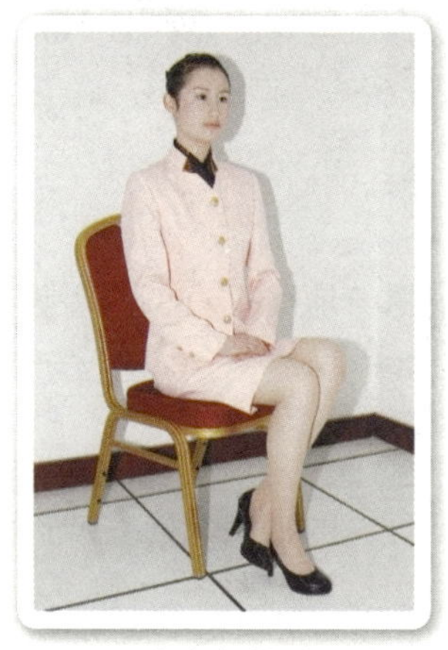

▲ 女士右侧挂式坐姿

▲ 男士前伸式坐姿

▲ 男士后点式坐姿

▲ 男士开关式坐姿

▲ 男士正身重叠式坐姿

9 男士正身重叠式坐姿

右小腿垂直于地面，左腿在其上重叠，左小腿向里收，左腿尖向下，双手扶于扶手或交叉于腿间。

三、坐姿训练

1 入座和离座的训练

走到座位前，缓慢转身后，从座位左侧入座，入座要求轻而稳。女士着裙装要先轻拢裙摆，而后入座。离座时也要缓慢而文雅，轻松而自然，右脚向后收半步，然后起立。离开时向前走一步，自然转身退出房间。

训练步骤：

走到座位前 → 转身背对座位 → 右脚向后退半步 → 拢平裙摆、轻轻坐下（座椅面的 1/2 ~ 2/3）→ 手放膝上 → 右脚向后收半步、起立 → 保持挺拔站姿。

2 坐定训练

每次训练坚持 20 分钟，配上舒缓的音乐，每 4 分钟换一次坐姿，建议顺序：

女生：正坐式 → 开关式 → 左侧式 → 右侧式 → 侧身重叠式。

男生：正坐式 → 前伸式 → 后点式 → 开关式 → 正身重叠式。

3 常见错误

（1）抖腿。　　（2）鞋跟晃动。

（3）靠背。　　（4）前俯后仰。

（5）脚搭在椅子、沙发、茶几上。

（6）脚尖相对。

（7）脚伸得太远。

（8）坐下或起立时动作过于迅猛或用双手撑着腿站起。

▲ 错误坐姿1

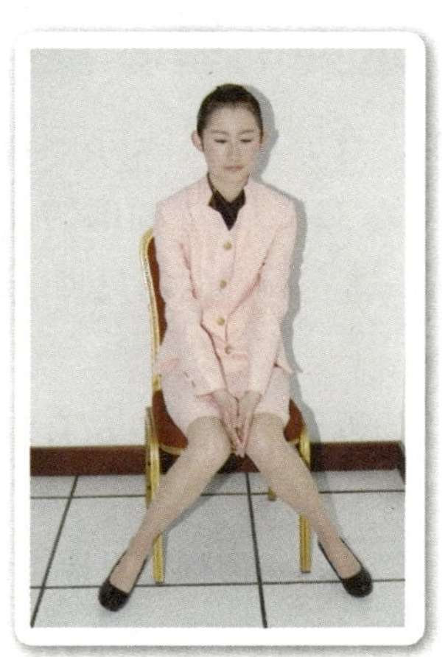

▲ 错误坐姿2

加油站

在求职场合，要等待主考官对你说“请坐”后再落座，一坐定乾坤，这是基本的礼貌。还要注意其他的坐姿语言：

1. 谈话时，身体向椅背靠，双脚往前伸的坐姿，说明人对目前的话题不感兴趣。
2. 跨骑椅子，说明人心生厌烦，唯我独尊。
3. 身体坐直，跷起二郎腿，说明他是尊者，晚辈如此则是放肆无礼的表现。
4. 身体笔直，双手紧握扶手，说明人正在压抑自己，不让情绪流露。
5. 身体前倾，双腿分开，双手放在膝盖上，说明人急切希望结束谈话。
6. 身体后倾，双手握扶手，双脚不断抖动，说明人对谈话很不耐烦。

探索3：良好的走姿

朱莉的问题

我的站姿、坐姿在形体老师的帮助下得到了改善，相信面试时能给考官留下端庄的印象，可是形体老师说我的走姿有点重心不稳，形体线条不太流畅，建议我走直线纠正，那样走姿有动态美。该怎样才能练好走姿呢?

优雅的走姿是“行如风”，走路的姿势最能体现一个人是否有信心。男士要稳定、矫健；女士要轻盈、优雅；两眼平视前方，不要低头；步履轻捷，不要拖拉（脚后跟不要拖地）；两臂在身体两侧自然摆动，有节奏感；身体应当保持正直，不要过分摇摆。

一、良好走姿的基本要领

目光平视，身子立直，头正颈直，面朝前方，挺胸收腹。两臂自然下垂，前后自然摆动，前摆幅度约 35°，后摆幅度约 45°。身体平稳，使全身看起来像一条直线。起步要前倾，重心在前，落在前移的那只脚掌上。当前脚落地，后脚离地时，膝盖一定要伸直，踏下时再稍微松弛。

同时，双脚迈出的角度也是有讲究的。在下图中，有四种脚位，你知道哪种是最正确的吗?

下图中，左起第一种脚位是典型的外八字，第二种是内八字，第三种是正确的脚位，尤其适合女性使用，第四种是猫步，适合模特儿在 T 形台上走台步时用。男性常用脚位，应介于第一和第三种之间，如果也同样使用第三种，则显得过于女性化。

▲ 不同的走姿脚位

二、走姿的种类

按行走的方向走姿分为以下五种：

❶ 前行式走姿

身体保持起立挺拔，行进中若与人问候时，要同时伴随头部和上身的左右转动，微笑点头致意。

❷ 后退式走姿

当与他人告别时，扭头就走是欠礼貌的。应该先向后退两三步，再转身离去。

❸ 侧行式走姿

当引导他人前行或在较窄的走廊、楼道与他人相遇时，要采用侧行式走姿。引导时要走在来宾的左侧，身体稍向右转体，左肩稍前，右肩稍后，身体朝向来宾，保持两步左右的距离。

❹ 前行转身式走姿

前行时需要拐弯，要以一脚掌为轴心，转体 90°，同时迈出另一只脚。一般情况下，前行左转时，左脚尖先向左转，同时迈出右脚；前行右转时，右脚尖先向右转，同时迈出左脚。

❺ 后退转身式走姿

后退需要转身时，先退行几步，以一脚掌为轴，向另一方向转体 90°，同时迈腿。当向左转时，要以右脚为轴心，向左转体，同时左脚左迈 180°，反之亦然。

三、走姿训练

❶ 直线行走训练

在地面上画出一条直线，行走时双脚内侧稍稍碰到所画直线，抬头挺胸，收腹，双目平视，面带微笑，充满自信和轻松。

❷ 顶书行走训练

头顶放置一本书进行行走训练，走时要头正、颈直。此训练可纠正行走时低头看脚、摇头晃脑、东张西望、脖颈不直、弯腰弓背的毛病。

❸ 掐腰训练

双手掐腰，上身挺直，训练行走，可以纠正行走时摆胯、撅臀、扭腰等动作。

❹ 原地摆臂训练

站立，两脚不动，原地晃动双臂，前后自然摆动，手腕进行配合：掌心要朝内，以肩带臂，以臂带腕，以腕带手；可以纠正双手横摆、同向摆动、单臂摆动或双手摆幅不等的走姿。

❺ 不同着装的行走训练

（1）着西装：注意保持身体挺拔、后背平整，站立时两腿并拢或两腿间不超过肩宽，行走步幅可大些，手臂要放松，自然摆动，面带微笑。男士不晃肩，女士髋部不要左右摆动，运用手势时要简洁明了，自然大方。

（2）着裙装：穿着裙摆在膝盖以上的短裙，行走时快捷、活泼，透出洒脱，行走速度可略快些，但步幅不宜过大。

（3）穿运动服：脚跟先着地，用力要均匀、适度，保持身体重心平稳。

❻ 常见错误

（1）内八字、外八字行走。

（2）前倾走姿，头部先伸出去而腰臀部在后。

（3）弯腰驼背，身体松垮，摇头晃脑，无精打采。

（4）步幅过大。

（5）步速过快。

（6）膝盖弯曲。

（7）行走线路不成直线。

（8）晃肩或髋部左右摆动。

加油站

不同的走姿语言

1. 步履坚实、节奏感强、步伐频率快、摆臂自然，说明人性格坚强、踌躇满志，具有很强的事业心。

2. 步履坚实、节奏感强、步伐频率慢，说明人老谋深算，城府颇深。

3. 双手插口袋走路，说明人玩世不恭，爱挑剔，心怀秘密。

4. 双手紧紧相握，背手垂头行走，说明人心事重重。

5. 昂首挺胸，脸向右上方倾斜，脚步夸张，说明他傲慢不可一世。

探索4：含蓄的蹲姿

张磊的烦恼

形体老师故意掉了一支钢笔，让我帮他捡起来，我不知底细，大大咧咧地弯下腰去拾捡。糟糕，衣服太短，后背露了出来，内裤也露出来了，糗大了！我满脸尴尬地看着形体老师，不知是因为弯腰血冲上脸还是难为情，脸都红了。

蹲姿是人的身体在低处取物时所呈现的姿势，它是人体静态美和动态美的结合，强调美观，优雅。

一、蹲姿的基本要领

含蓄蹲姿三部曲：直腰下蹲 → 弯腰拾物 → 直腰站起。直腰下蹲首先要讲究方位，需要拾捡低处物品，可走到物品一侧；面对他人下蹲，要侧身相向；需要整理鞋袜可面朝前方，两脚一前一后，目视物品，直腰下蹲。取物或工作完毕后，先直起腰部在一条直线上，再稳稳站起。女士下蹲时，注意要防止走光。要注意直起直蹲，动作不宜过快。忌弯腰、翘臀或两脚平蹲（卫生间姿势）。

二、蹲姿训练

❶ 高低式蹲姿

双膝一高一低。下蹲后，左脚在前，右脚在后；左脚完全着地，小腿基本垂直地面；右脚要脚掌着地，脚跟提起；右膝低于左膝；臀部向下，基本上以右腿支撑身体。女士要注意靠紧双腿，男士两腿之间可有适当距离。

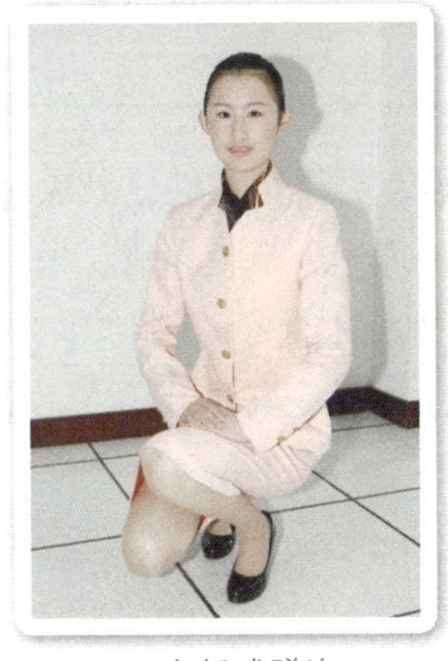
▲ 高低式蹲姿

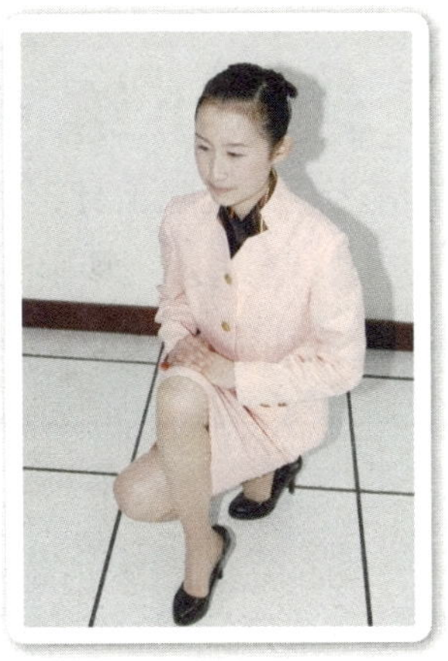
▲ 交叉式蹲姿

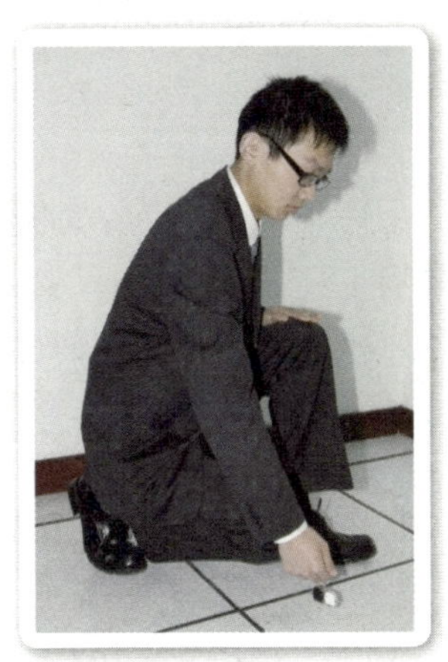
▲ 单膝点地式蹲姿

❷ 单膝点地式蹲姿

双腿一蹲一跪。下蹲后，右膝点地，臀部坐在脚跟之上，以脚尖着地。另一条腿全脚掌着地，小腿垂直于地面。双膝同时向外，双腿尽力靠拢。这种姿势适用于男士。

❸ 交叉式蹲姿

左腿在上，右腿在下，两者交叉重叠，右膝从后下方伸向左前侧，右脚跟抬起，脚掌着地，两腿前后靠近，合力支撑身体。上身略向前倾，臀部朝下。这种姿势适合穿裙装的女士。

常见错误包括：弯腰撅臀；平行下蹲（臀部和地面平行）；蹲着休息等。

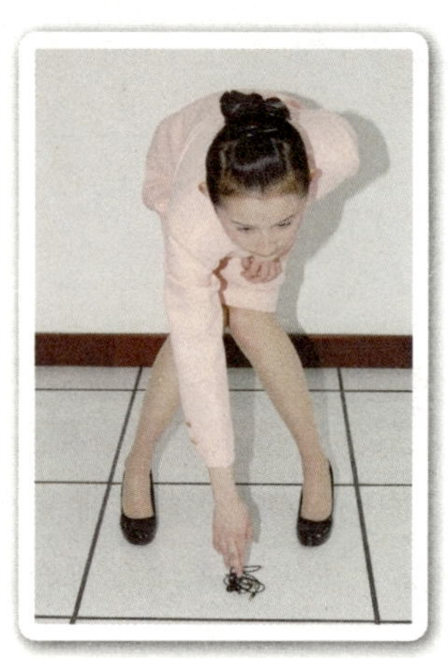

▲ 错误蹲姿

第二天面试，朱莉通过自己的种种努力从 20 名面试人员中脱颖而出，以第一名的成绩被录用，并获得了向资深行政主管 Nancy 学习的机会。公司安排她先到前台担任接待，熟悉公司各项制度和业务流程；三个月后再调回行政办公室，直接跟着 Nancy 学习。而张磊虽然有小小失误，但也被录用为行政文员。他们终于通过自己的努力，叩开了上海 * * 国际贸易有限公司的大门。

话题小结

体态语言作为一种辅助的传情达意的交际工具，比有声语言更具真实性，其表现具有一定的规律。只要认真学习站、坐、走、蹲等仪态的动作要点，坚持站、坐、走、蹲的动作训练，假以时日，一定能让你成为风度绝佳、气质非凡的人。

礼仪小舞台

❶ 案例分析：

1993 年中国某国家级科研机构派人到北京某大学要一名应届毕业生，该大学向来人推荐了两位候选人，一位是学生会主席，另一位是普通的学生，两位都是该校的学习优等生。来人提出先看一看学生会主席。小伙子来了，穿着打扮无可挑剔，言谈也很得体，然而一坐下，他的“二郎腿”就翘起来了。于是面试者说：“我们再看看第二位人选吧。”这位“第二位人选”此时正在球场上打球呢，听说系办公室有人找，就急忙跑来，一身汗水，衣冠欠整。当得知事情的原委之后，他马上对自己的着装表示道歉。来人笑言：“没关系，坐下来随便谈谈。”该生说声“谢谢”坐下后，双腿微拢，双手置于腿上，上身挺拔端正。在其他条件（回答问题的水准）相同的情况下，该生端庄的坐姿，给人以谦虚和严谨的印象，颇得来人的好感。最后用人单位决定要第二位人选，很显然，两个人不同的坐姿给他们带来了不同的前程。

请你根据所学的知识，谈谈您对良好仪态的理解。

❷ 进行蹲定训练。每次训练坚持 4 分钟，配上舒缓的音乐，每 2 分钟换一次蹲姿。建议顺序：

女生：高低式蹲姿 → 交叉式蹲姿。

男生：高低式蹲姿 → 单膝点地式蹲姿。

❸ 请检查自己在站姿、坐姿和行姿等方面的问题并加以纠正。

第二幕
菜鸟起飞（角色：职场新人）

怎样处理好与上司、同事和客户之间不同的人际关系；如何从容完成办公室内基本的行政事务，是作为职场新人共同的课题。朱莉和张磊开始了他们的“办公室菜鸟”历程。虽然张磊暂时只是一名基层文员，而朱莉也在前台的岗位上，但是他们已经开始有意识地融入到“办公室文化”中去。

话题 1 如何与同事相处？

学习目标

1. 了解同事间的距离美。
2. 了解避免同事间摩擦的方法。

案例导引

入职没几天，朱莉和张磊就遇到了一件事情，公司要在行政部青年员工中选拔 2 位经理助理。小叶毕业于名校，能力出众，平时工作很努力，和上司的关系也不错。小叶以为自己会获得这个难得的机会，甚至做好了请客的准备。谁知结果出来，出乎小叶预料——怎么会是各方面都不如自己的小李？后来朱莉听说，公司人力资源总监来调查的时候，居然没有一位同事为小叶说好话。朱莉意识到作为办公室新人，也应该好好注意如何与同事们友好相处的问题。

▲ 前台接待

探索1：与同事相处应掌握的原则

朱莉的问题

假如以每个人每天工作 8 小时来计算的话，人们从参加工作到正式退休，差不多有 1/3 的时间都在跟同事相处。所以，同事关系对于一个人来讲是最重要的人际关系。经常听到有人抱怨同事关系处得不好，不是过于亲密就是过于生疏。那同事之间的交往距离应该如何把握呢？

同事是一个工作环境中的朋友，既是事业上的合作者，也是存在利益冲突的竞争对手，如果同事之间交往过密，相互间的个性会发生碰撞，可能会损害彼此间的关系。因此，一定要把握好和同事交往的度，既要密切配合又要保持一定的“距离感”。

那么，同事之间如何保持一种平等、礼貌的伙伴关系？

焦先生刚调入某局一个月，入职以来处处小心，与人为善，所以同事们对他的态度也颇为友善，不曾遇到什么麻烦。一次全科室的人周末聚餐，席间大家有说有笑，无所不谈。其中有一名同事与焦先生最谈得来，几乎把局里的种种问题，以及科里每位同事的性格、缺点都尽诉无遗。焦先生一时受宠若惊，加之对局里的人事一无所知，很珍惜这样一位“知无不言，言无不尽”的同事，于是便将一个月来看到的不顺眼的人和事通通向这位同事倾诉，甚至还批评了一些人。不料这位同事竟是个翻云覆雨之人，不出几日便将这些“恶言”转达给了其他同事，令焦先生狼狈、孤立至极，几乎在科里没了立足之地。这时焦先生才如梦初醒，悔不该一时激动没管好自己的嘴巴，忘记了“来说是非者，必是是非人”这样一个浅显的道理。

新人初来乍到，必须学会与同事保持一段距离，凡事适可而止。在大家面前不要轻易显露偏激言行，学习做个聆听者，公平对待每一位同事，避免建立任何小圈子；对谣言一笑置之，不要计较。如此才能尽快适应新环境，打开新局面，顺利成为办公室中的生存者，而非受害者。

一、以礼相待

相遇主动问候，并使用正确的称呼，对老员工尽量用“您”称呼。请字不离口、谢字随身走，让每一天在亲切的寒暄中开始。无论是对茶水阿姨、暑期实习生还是总经理，总是向人展示灿烂友善的笑容，这样必能赢取公司上下的好感。

▲ 早晨上班真诚问候

▲ 受人之托专注认真

二、真诚合作

一份工作往往需要多方的协调才能做好，在办公室中一定要有团队精神，同心协力，相互协作，互相支持。遇到公事私事有冲突时一定要克己奉公，不能推卸责任。需要他人帮助时要与同事商量，不可强求；对方请求帮助时，则应尽己所能真诚相助。

三、学会赞美

善于发现别人的优点，适时给予赞美。例如，当一个同事工作出色的时候，要让他知道他干得不错，赞美是对他的支持，仅仅说一句“嗨，你干得真棒”也是不错的。

▲ 真心夸奖

▲ 主动关心

四、乐于助人

同事感冒你体贴地递上药丸，路过糕点店顺道给同事买下午茶，这些都是举手之劳，何乐而不为？即使是一些转告电话之类鸡毛蒜皮的小事，也要热心帮忙。善意回报善意，这样一个人在公司才不会陷入孤立无援之境。

五、公私分明

办公室有时就是一个小社会，同事就是这个小社会的成员，每个人都有不愿被别人知道的隐私。因此，不要在大庭广众之下大谈别人不愿披露的事情。碰到陌生人找同事谈话，如有可能，最好避开；即使无法避开，也不要有意去“偷听”。代转给同事的信件，只要放在其桌子上或信箱里即可，不要过分留意写信人的地址，更不能查看信中的东西。拒绝八卦，不在公司范围内谈论自己或他人的私生活，无论是办公室、洗手间还是走廊。

有个故事，直接形象地描述了职场人际关系的微妙：两只刺猬，由于寒冷而拥在一起取暖。但因为各自身上都长着刺，靠得太近就会被对方扎到；离得太远，又会冷得受不了，几经折腾，终于找到一个合适的距离，不会太痛，也不会太冷。职场里，处理与同事之间的关系，其实就是找到这个“温暖又不至于被扎痛”的距离。

朱莉明白了，环境永远不会来适应自己，只有努力加强自身的修养，积极与同事处好关系，才能让自己适应环境。和睦友善的工作环境，亲和融洽的同事关系，依赖于所有职场人的共同营造。朱莉悄悄地把“以礼相待、真诚合作、学会赞美、乐于助人、公私分明”写成座右铭，贴在了电脑屏幕上方，时刻提醒自己。

办公室的行为禁忌（一）

1. 工作时间不宜趴在桌上休息，也不可以躺在椅子上，或把脚放在椅子或桌子上。

2. 办公室内不可以吃零食，而且注意不吃气味过浓的食品；严禁吸烟。

3. 不能在工作场所穿着过于暴露。

4. 办公室内应该控制谈话的音量，尤其不适合扎堆聊天；不能在办公室煲电话粥。

5. 不传播小道消息；不在背后议论同事的隐私；不搞“小圈子”。

6. 不讨论薪水问题；不讨论家庭财产之类的私人秘密；不谈论有争议的话题。

7. 不轻易动同事东西，除非得到允许。

8. 小额借钱、借物或馈赠礼品等物质上的往来切忌马虎，记得及时归还和还礼；尽量避免大额资金往来。

探索2：摩擦是不可避免的调节剂

张磊的烦恼

最近在公司一次会议上我与同事阿涛发生了正面的冲突。起因是部门经理说公司将要制定一个新的复印机使用制度，会议上，同事都提出了不同的方案。后来，经理选定了我和阿涛的方案进一步讨论。冲突很快就发生了：先是阿涛对我的方案发动“攻击”，我心里很不舒服，也不甘示弱，马上发起“反击”，几分钟内也在对方的方案上挑了不少“刺”。一个多星期过去了，尽管方案没定，但我和阿涛一直没说话……我有些后悔，平时都是沟通得不错的同事，天天面对面，以后怎么和睦相处开展工作呢？是去主动“讨好”别人，还是等对方承认错误呢？

由于长期在一起工作，同事之间难免会有意见相左的时候，我们应理智对待，避免处理不当使得同事关系紧张。职场新人该如何避免与同事间的摩擦呢？

❶ 避免争吵

在公众场合注意说话的分寸，不要太过直露地批评别人，应给别人留有情面，同时彰显自己的大度。争吵和讨论事务时的争论不一样。针对某个问题，大家各抒己见，据理力争，是争论；但是争吵的感情因素太多，同事之间由于特别的交际关系争吵后裂缝比较难以弥合，情感创伤也较难以平复。双方若发生矛盾，要忍一忍、让一让，相互体谅，尽量避免发生正面冲突。

❷ 学会倾听

愿意倾听别人的意见，愿意跟别人讨论自己的及他们的想法。要学会提问题。千万不要自以为是，更不要固执己见。

❸ 学会道歉

同事之间朝夕相处，一时的冲突在所难免，只要主动道歉，对方一般会谅解。双方如果有什么误解，应该主动向对方说明，尽量面对面地解决问题，消除误解。千万不要太敏感，也不要老是盯着别人的失误，否则显得自己小肚鸡肠，不够有度量。

❹ 学会忍耐

忍耐是人生的必修课。无论发生什么事情，都要首先想到自己是不是做错了。如果自己没错（那常常是不可能的），就站在对方的角度考虑，体验一下对方的感受。要有一颗平常心，遇到挫折也没什么大不了的，这会带给你智慧和经验，坏事要往好处想。

张磊找了个机会，主动向阿涛表示了歉意。其实阿涛也是新进员工，也非常后悔与张磊起冲突，自然也很快接受了张磊的道歉，并表达了自己的真实想法。事后，两个人将各自方案经过讨论和整合，整理出一份更为合理、更为周全的复印机使用制度，一起呈交给了部门经理。经理不仅采纳了两人共同制定的新方案，还夸奖张磊和阿涛懂得同事相处之道，是全体员工学习的榜样。张磊为此高兴了好几天呢。

温馨提示

办公室交往，要多一些谦让，可以把那些细小的、不大影响自己前程的好处主动让给他人，比如单位里分发有限的东西时少分一些，一些荣誉称号多让给即将退休的老同事，与其他人共同分享一笔奖金或是一项殊荣等。这种豁达的处世态度无疑会赢得人们的好感，也会增加你的人格魅力，或许在将来会给你带来不期然的“回报”，俗语所说的“吃亏是福”即是这个道理。过于计较自己的得失，会引起同事们的反感，最终导致人际关系的恶化。

话题小结

同事关系不同于私人朋友。与同事在一起工作，就会有合作与竞争。我们要学会平等地对待每一个同事，真诚待人。不耍手段，不玩技巧，遇事要学会抛开杂念，心无旁骛地投入工作；与同事公平竞争，增加自己的学习机会，增强自我提高的动力，有助于我们在工作中获得发展和成长。总之，和同事相处，必须记住这句名言：善待他人等于善待自己。

礼仪小舞台

1 案例分析：

雪和曼是一家金融公司的同事，两个人长得特别像，都很漂亮，性格也像，成为同事中最要好的朋友。一次午休时间，雪在写一封私人邮件，曼来到雪的办公位上聊天。由于涉及一些私人话题，雪一看到曼靠近电脑，就借故遮住，面色极是紧张；而一向爱开玩笑的曼，看到雪的窘相，不依不饶，还凑得更近，干脆将雪的邮件念出了声，在场的同事都听到了。雪一改往日温和的脾性，跟曼大吵起来，两人不欢而散，从此见面形同陌路，令人惋惜。

请你分析一下，雪的做法有何不妥之处？她应该如何弥补呢？

2 前台同事小美因为近期买房缺钱，于是向公司同事一个个借钱。她也向你开口借钱 1 万元，你该如何处理？

3 如果你不小心发现了同事的“办公室恋情”，你该如何处理？

话题 2 与上司相处应掌握的原则

学习目标

1. 了解正确与上司相处的技巧。
2. 学习正确对待上司批评的态度。

案例导引

朱莉刚上班第二天就遇见行政部的王经理到前台询问自己有无快递，她紧张得只顾低头查询他的快递，没顾得上问候，也没有微笑着对经理说“请稍等”之类的礼貌用语。Nancy 姐正好看到了这一幕，王经理离开后，她就对朱莉说：“嘿，你已经是初出茅庐的职场人了，干吗这么紧张啊？给上司留下好的印象很重要哦，微笑和问候的礼仪不能忘啊！”

▲ 前台递送文件

探索1：面对上司的基本礼仪

朱莉的问题

张磊与阿涛的矛盾，给了我一些启发。而我现在的工作，还经常会接触到领导。我担心自己出现一些问题，如遇到上司就会心慌，上司提问时自己不知道如何正确表达想法。紧张也好，经验不足也罢，我是真的不知道该如何面对上司啊！

面对上司第一条需要注意的就是要有平常心，记住他们和你在人格上是平等的。只要你在工作中尽职尽责，面对上司就能不卑不亢。把与上司相处的心态放平和之后，再来学习与上司相处的礼仪。

不遵守“电梯礼仪”，扣奖金！

秦小姐的公司在一幢8层的小楼里，楼已旧，电梯也跟不上时代了，又小又慢。上班高峰，大家争先恐后往里挤，有人没赶上，整电梯人默默地看着门在他面前合拢……

据老同事说，多少年来都是这样，直到A老板上任。

A老板一来就瞧这档子事不顺眼，有人听见他出了电梯就嘀咕："怎么素质那么差……"上任第二周，在他的授意下，行政部迅速出台了《电梯礼仪大全》，条条框框细致到"如果有陌生人，应该让他先进电梯，因为他可能是客户；进电梯后，最靠近控制板的人要长按开门键，保证所有人都进电梯后再按关门键，并帮助电梯深处不便伸手的人按下楼层键；看见有人赶电梯，要帮他开门，如果已经满员，要向他说明……"

▲ 文明乘梯

这套"礼仪大全"可不只是走走形式而已。听说，老板在开中层干部会议时，专门辟出半个小时来传达内容，并且要求部门经理们贯彻到每一个人。在电梯里，从老板到中层，都有责任"管教"下属，而全体人事部职员更是充当了"侦察兵"，不管是谁，只要一被逮到违反"礼仪大全"，当场批评教育；不服管教的，还要记下胸牌号扣奖金！

一个女员工在电梯里跟同事谈得眉飞色舞，一回头，却发现缓缓合上的电梯门里，赫然露出大老板的脸！她赶紧过去按开门键，已经来不及了……后来大老板把她叫去批评了20分钟，不过态度倒还和蔼，也没扣她奖金——他的本意，可能也不是真要处罚一个无心犯错的员工，只不过要让公司上下都知道他对此很重视吧！（摘自《百度文库》）

这个故事告诉我们，细节有多重要。有的上司会根据员工的一个动作、一次会议、一件小事，判断下属员工的素养，进而推测员工的工作能力。因此，职场无小事，尤其是与上司相处的过程之中。

一、时时讲礼貌

在各种场合见到上司都要面带微笑，主动问好；上班时要向上司道"早上好"，下班时说"再会"；对上司用其职务来称呼，不可在任何场合直呼其名；如遇见上司不便打扰，可用手势或点头致意。

在办公场所、走廊、楼梯上与上司相遇时，应站立致意，并侧身请其先行通过；共同搭乘电梯时，也要请上司优先乘坐。

有事要见上司时，一定要得到应允后方可前往，一般应事先联络，约定会见时间及地点；若上司正在开会，一定要通过服务员或秘书进行联络，切不可横闯直入。

▲ 进上司办公室，先敲门

进入上司办公室应先敲门，应允后再进入；如果正遇上司与他人交谈，但有急事需要马上请示时可以说：“对不起，打扰。”如果上司正在低头批阅文件，切忌探头探脑或用眼睛乱瞟；如果上司有很重要的电话要接听，下级应用眼神示意一下，随即离开办公室。进入上司办公室，必须得到允许方可就坐，入座后不可东张西望，更不可翻动室内物品；离开上司办公室时应先后退两三步，然后再转身出去，将门轻轻带好。

向上司汇报工作应守时，事先准备好将要请示或汇报的要点，想好见面后如何措辞；与上司谈话时语言要准确和简练，语速与音量要适当；要懂得适时离去，请示汇报的时间一般控制在 15 ~ 30 分钟为宜。

当上司到你的办公位置交代工作时，应马上起立致意，或待上司就座后再坐下。上司离开时应主动说“再见”和开门。

▲ 如无允许，请勿自行入座

▲ 布置工作应认真聆听

下属不应随意与上司开玩笑，也不能无故搭乘上司的便车。

员工小张，性格很直，只要是自己认可的，一定会力争到底。有一次他跟上司因为一件事争了起来，上司坚持让小张按他的说法去做，而小张却认为做不了，争到两人面红耳赤，谁也说服不了谁。后来小张还到网上找资料，确认是上司错了。上司当时跟他说：“嗯，你的做法值得赞扬，不错，继续努力！”但是后来却跟别人说：“这家伙太犟了，工作态度不行。”之后也一直不怎么欣赏小张。而小张却认为自己的做法没错，他认为有不同的意见就要表达。

作为下属不可以苛责上司，如果你不同意上司的观点，可以用事实来证明，而不是通过不妥协的争论。

二、服从是美德

❶ 尊重上司意见

碰到决断不了的事，要向上司请教，不论上司年龄大小，阅历深浅，水平高低，都应尊重其做出的决定。聪明的下属，总是善于在关键的地方，恰到好处地向上司请示，征求他的意见和看法。这既能体现自己对上司的尊重，也能体现自己工作的严谨、细心。

❷ 维护上司尊严

无论在什么场合，与上司说话都要有分寸，不要随便开玩笑，不要议论上司，更不能散布对上司的不满情绪。对上司工作中出现的失误，应宽容，体谅。不要当众纠正上司，对上司的疏忽或不妥之处，要寻找恰当时机委婉指出；注意避开上司的忌讳；要利用合适场合积极给上司争面子。

❸ 创造性地完成交代的工作

对上司交代的工作，下属应愉快地、创造性地完成，完不成要向上司说明情况。适当地提出独立的见解，做事能独当一面，善于把同事和上司忽略的事情承担下来。下属工作有独立性才能让上司省心，上司才可能委以重任。

❹ 行事不能“越位”

下属不可一味表现自己，重要事项应主动向上司征求意见，工作越位会让上司觉得不尊重他。如果随上司外出，应事先了解活动的情况；衣着要合适，不可与上司攀比或标新立异；如果感觉到接待方有辨别身份上的困惑，一定要通过其他方式暗示，如主动给上司拿东西，言行举止表现出对上司的尊重等。只有收敛和约束自己，才能与上司和谐相处。

❺ 保持距离

要与上司保持一定的距离，不要交往过密，不要以知道对方的秘密为荣幸。如果你不小心知道了，一定要保守秘密。受到上司的礼遇，最好保持沉默；受到上司的邀请，要考虑周遭同事的感受，仔细权衡是否有必要告知，因为有可能引起别人的嫉妒；受到上司邀请一般不要携伴前往，除非特别讲明。在平时，也不可随意将自己的客人、熟人或朋友介绍给上司。

玛丽和她的上司一直像朋友一样亲近，一起去餐厅吃饭，去酒吧聊天，她们互相交流自己的家事，谈论自己的感情问题，过节的时候互相交换礼物，一切看上去更像同事而不是上下级关系。有一天玛丽决定换工作，因为她和上司的关系已经成了她工作发展的障碍。虽然上司经常说支持她在职场里晋升，但每次当她提交自己关于工作的想法时，她都会说那些想法还不够完善而婉转地否决。渐渐地她意识到上司和她处在一种微妙的竞争关系中。相似的性格让她们成为朋友，但也成了她无法发展的原因。同时由于她跟上司关系亲密，还受到来自公司其他同事的误解和疏远。

玛丽的经验告诉我们：与上司适当地分享个人生活中的问题，会有助于建立彼此的信任感和友好的工作气氛，至少工作中更易得到上司的理解。但是，即使与上司有着良好的互动，也千万不要忘记自己的下属身份，要与上司保持一定距离。

在职场上，无论谁都要与上司接触，与上司关系处理是否得当，决定你能否工作愉快、发展顺利。因此，如何与上司正确相处就是职场“菜鸟”最需要学习的礼仪常识了。

朱莉除了注意自己的仪容，保持严谨的工作态度，还要少说话，多做事，与上司相处把握好下属礼仪，注意抓住与上司相处的机会，充分展示自己的能力和勤奋精神，一定能赢得上司的信任和肯定。

温馨提示

小心上司“以桌取人”

一张办公桌能够直接反映出你的职场个性。保持办公桌整齐干净，任何东西都安排得井井有条，会给人重视秩序、脚踏实地、比较稳妥、值得信赖的感觉。所以记得每天下班后，抽出几分钟时间将自己的办公桌整理一遍。签完字的文件，一定要转交出去，绝不能在自己手里过夜；暂时用不到的文件，一定要存入档案柜，绝不能杂乱地堆在眼前；待处理的文件，一定要整理好放在办公桌显著的位置，对待办的事情心中有数；最后，在整理完毕的桌前，认真总结一遍今天的工作，计划明天的工作。请相信，若能每天坚持这么做，你一定会胜任自己的工作，得到同事和上司的认可。

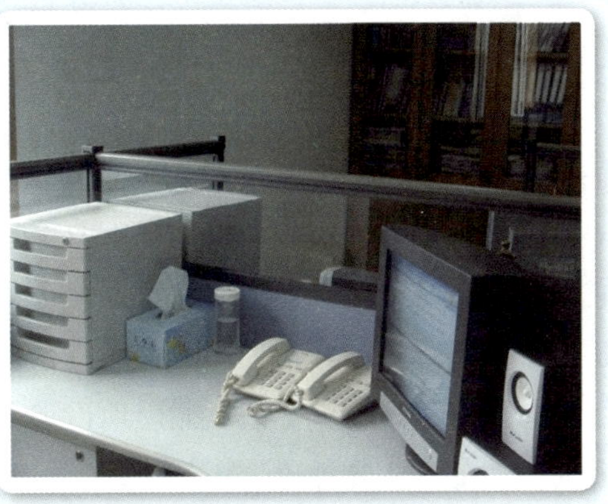

▲ 整洁的办公桌

探索2：被上司当众批评怎么办

朱莉的问题

上班第一周例会，因为自己在为王经理查询快递时的糟糕表现，我被批评了，虽然没点名，大家都心知肚明说的是我。因为紧张而出错是大多职场新人都可能遇到的情况，而被上司当众批评，却是我职场生涯的第一回。我很委屈，心情糟糕透顶，觉得以后不知该如何去面对公司同事和王经理。

在工作当中，由于我们的工作作风、工作态度、工作效率、工作质量以及其他方面的原因，可能会受到来自上司的批评。有人一旦受到上司的批评，心里立刻就会不高兴起来，难以接受，甚至还会认为上司故意在找自己的茬儿，因此对上司充满了怨恨。这说明我们应该学会以正确的态度来对待上司的批评。

❶ 保持良好心态

对待上司的批评应该要保持良好的心态，抱着自责和检讨的心理去接受批评。对待批评，不要不服气和满腹牢骚。上司深知批评容易伤和气，一般不会把批评、责训别人当成自己的乐趣，在提出批评时一般会比较谨慎，没有人愿意无故地与人翻脸。上司的批评一定是有一些原因的，或对或错，都表明上司对某些工作不满意。事实上，上司的批评也含有提出忠告、指示和鼓励的意味，也可以看作是对下属的重视和鞭策，希望他能改进。聪明的下属会明白，应该感谢上司的批评，因为这会使人进步。

❷ 保持良好仪态

对待上司的批评应该尽可能地保持谦逊的态度。一个合格的员工，在听取上司批评时应保持神情专注，虚心求教，目光不可随意移动，不可有“弹手指”或“抖腿”等不耐烦的身体语言，不要因为觉得不以为然而心不在焉，或是表现出不甚服气，这会让上司觉得你不愿意接受批评。

❸ 保持良好沟通

对待上司的批评应该积极地谋求改善。上司一旦批评了别人，就存在着权威问题和尊严问题。如果下属不认真对待他的批评，把训斥当成耳旁风，依然我行我素，其效果也许比当面顶撞更为糟糕。最好在上司批评完后，将被指责事项逐一记录，并尽可能地择机报告上司自己的善后对策或改善方法，诚恳地请求上司给予指导，这能彻底让上司原谅下属的错误，改变对下属的看法和评价。

❹ 控制情绪

有时候在公开场合受到上司的批评指责，下属难免会觉得难堪，特别是觉得上司的指责没有道理的时候。在众目睽睽之下，下属可能会感到颜面尽失而失去冷静，反驳上司的批评以显示自己的无辜。这样一时快意的“英雄”壮举，换取的可能仅仅是同事的一丝同情，留给上司的却是加倍的震怒和斥责，最终受害的还是自己。俗话说“忍一时风平浪静，退一步海阔天空”，聪明的下属应该把上司的批评、责骂当作一场暴风雨，风暴过后自会平息，又不曾损失什么，何不审时度势，选择放下？一名合格的员工要学会控制自己的冲动情绪，理智地看待是非，特别是在上司面前。如果觉得自己下不了台，不如反过来想想，假如你当面顶撞了上司，上司同样下不了台。如果下属能安静、从容地接受批评，显示出大度、理智和成熟，反而能取得上司的好感和同事的钦佩，因为上司冷静下来一定会反思，下属的表现会给他留下深刻而难以磨灭的印象，他的心里一定会有歉疚之情。受到上司的批评时，反复纠缠、争辩是没有必要的。如果你的目的仅仅是为了不受批评，当然可以“寸土必争”，“寸理不让”，可是，一个把上司搞得筋疲力尽的人，又谈何晋升、发展呢？

朱莉明白了：“人非圣贤，孰能无过？”作为一个凡夫俗子，犯些错误是再正常不过的事情。一个人在一生当中不可避免地要犯很多次的错误。试想一下，如果我们犯了错误，出了问题，上司不闻不问，视而不见，其实等于是放纵我们，使我们更加快速地滑向错误的深渊。受到批评后要对照上司的批评反省和检讨自己，总结经验教训。不要把上司批评当作世界末日，不要悲观，受到几次批评并不代表自己就没前途了。不要觉得批评自己是上司不近人情，不给自己面子，甚至是找自己麻烦。时间可以证明一切，努力才可以改变一个人的境况。新人，一定要听得进批评，虚心改进，才能进步得快一些。

办公室行为禁忌（二）

1. 工作态度马虎，不严肃认真。

2. 不爱护或者挪用公司财产及公用设施，随意浪费办公用品，下班时忘记关闭电脑。

3. 工作台面杂乱无章或摆放过多的私人物品。

4. 到处乱走动，影响他人工作。

5. 不注意保守公司机密，或者私自打探公司员工工资在内的保密资料。

6. 在上班时间有诸如吸烟、吃零食、化妆、看报纸、听收音机、看与工作无关的书籍、玩电脑游戏、上网聊天、炒股等影响工作的行为。

7. 不注意维护办公室的整洁，不参与办公室内共同承担的杂务。

话题小结

在我们的职场生涯中，一定会遇见各种不同的上司，我们必须遵循与上司相处的礼仪，在人格平等的基础上充分尊重上司，时刻保持自己的涵养，学会以合适的方式去配合上司的工作；受到批评时要端正好心态，适时化解冲突和矛盾，切忌争吵；以努力工作和良好表现取得上司的信任，成为上司的得力助手，争取在职场获得顺利发展。

礼仪小舞台

❶ 案例分析：

小敏在公司的企划部工作已经两年多了，参与了许多重要公关活动的策划和实施，部门副经理的职位一直空着，小敏认为自己理应当选。最近公司来了个新同事小燕。一次，两人同去一家公司谈一个项目，回来后已经是中午，小敏径直走进公司食堂吃午饭。当她回到办公室的时候，经理对她说："你们做得不错，看来这个项目成功的希望很大。"原来，小燕已经把情况在第一时间向经理汇报过了。后来小敏和小燕就项目方案做了一些深入讨论，提出许多想法，当时小燕听了拍手叫好。第二天，经理把小敏叫到办公室说："昨天小燕说了许多新的想法，我觉得很不错。小燕说了，其中许多点子都是你的主意，但她能够把这些点子进行整合，再加入自己的构思，很有想法，也很有创意。对于她这样工作经验不算丰富的女孩子来说，不容易。这样吧，这个项目原来是我统管，现在就由她来主抓，希望你能好好配合她完成这个项目。"半年后，公司下发了一项人事任命：小燕担任企划部副经理。

请你分析一下小燕成功的因素有哪些。

❷ 公司今天晚上有加班任务，需要你留下来，但是今天是你爸爸 50 岁生日，家里已经安排好生日宴会。你该如何处理?

❸ 会议室内正在进行一场重要谈判，而此时你上司的太太有急事打电话到办公室，需要马上与你上司通话。你该如何处理?

话题3 让沟通变得更顺畅

学习目标

1. 学习如何让声音更打动人。
2. 了解让沟通顺畅的方法。
3. 学习正确使用肢体语言。

案例导引

朱莉的工作是前台接待，经常要面对客户来访，同时也要作为公司的总机服务人员转接客户的电话或者直接回答来电。公司的王经理把朱莉的工作岗位定义为公司对外的“窗口”。朱莉深知这份工作需要和不同的人沟通，自己的一言一行要有效地展示公司良好的形象。她需要进一步学习沟通礼仪。

探索1：让你的声音悦耳动听

朱莉的问题

主管 Nancy 姐跟我说，接电话时声音要清亮柔和，到底什么叫清亮柔和呀？我不得要领，声音轻点吧，客户都说听不见，常常被要求重复；声音响一点吧，又被指责态度生硬。到底怎么做，才能把握合适的语音语调，让自己的声音好听起来呢？

人际交往中，38% 的信息是靠声音来传递的。优美的声音，可以使人的语言更有魅力，增强交流效果。声音的塑造需要从语音、音量、语速和语气四个方面进行训练。

一、语音标准

一般工作中我们应该使用普通话，系统接受普通话的规范训练。

二、音量适度

商务人员进行口头交流时，音量以对方能听清楚为宜，过高或过强会使自己的态度显得生硬、粗暴，使对方有不舒适的感觉。音量过低或过弱，则会使人觉得有气无力，让人产生被怠慢的感觉。适度的音量，往往显得语气婉转、平稳，让人倍感亲切，增强话语的感染力和吸引力。

三、语速适中

就正常人的思考和接受能力来说，说话的语速一般每分钟 120 字左右就可以了。过快的语速会给人性情急躁、不耐烦的感觉；语速过慢会让人听起来费劲，显得矫揉造作。

四、语气正确

说话时的口气就是语气。语气是交谈者感情的流露，不同的语气有不同的含义。一般工作中的语气应该热情、亲切、和蔼和有耐心，急躁、生硬和轻慢的语气是不能流露的，比如语言夹杂着“快点”“等着”“着什么急啊”一类的词。

每个人的音质都是天生的，但是语音、语调和语气是可以后天培养的，声音会在训练之后变得好听许多。

五、声音训练

❶ 基本功的训练

练习呼吸。直立，抬头，挺胸，收腹，全身放松，然后鼻和嘴慢慢吸进一口气，这时可以感觉到胸部横膈膜下降，两肋张开，胸腔全面扩大；然后将气慢慢呼出。按该步骤重复。每天坚持练习 5 ~ 10 分钟，你会感觉自己的声音不漂浮了，有了沉着感，而且响亮圆润起来。

▲ 练习呼吸

❷ 克服女性尖嗓音和男性常见鼻音的训练

右手肘部支撑桌面，手背支撑下颚。把头抬起，让下颚与手背之间有 6 厘米左右的距离。做打呵欠的姿势，发出“呀”的声音，使下颚触到手背。左手平放在锁骨以下的胸部，来体会声音带来的震动。这样做能松弛下颚、舌、喉咙和口腔，有助于克服声音中的杂质。

❸ 录音训练

选择一段文章，大声朗读并录音，主要检查声调、语速、吐字清晰度、节奏感等方面的问题并及时改进。

❹ 模仿、学习播音员的声音

朱莉开始了自己的声音训练。她用录音机录下自己的声音，一遍一遍地分析自己的音质、音调、语速和语气，不断演练正确的问候语和经常会使用的礼貌用语。她还专门去学习发声的方法，相信这些对塑造她优美的声音会有很大帮助。

探索2：让沟通顺畅的基本方法

张磊的烦恼

上午同事小叶姐在做一份报表时缺了一些数据，便打电话给我。当时我正在外出公务回来的路上，于是让她自己在我的笔记本里找。可是小叶姐连打两次电话说找到了笔记本，而笔记本里没有她要的数据。我还有 10 分钟就到公司了，只好让她等着。到了办公室，就看见小叶姐坐在我的座位上，不断翻看我的黑色记事本。我不由得大笑：“小叶姐，我说的笔记本，是指手提电脑啊！我们的高才生怎么连笔记本就是手提电脑也不知道啊！”看着小叶姐复杂的表情和一下子安静下来的办公室，我猛然意识到这话说得过头了……

什么是沟通？沟通是人们为了既定的目标，把信息、思想和情感在个人或群体间传递，并达成共识的过程。也就是说，沟通是人们通过语言和非语言方式互相传递信息，交流互动的过程。

下面让我们一起探寻有效沟通的途径吧。

一、不同的对象沟通方法要有区别

俗话说：“见什么人说什么话”，就其积极意义而言，就是想要与他人有效沟通，要先了解对方的个性，随机应变地采用不同的沟通方法。

有一次，孔子的学生子路问孔子：“听到了是不是马上见之于行动？”孔子回答说：“有父亲、哥哥在，怎么能不向他们请示就贸然行事呢？”

过了一些天，学生冉有也向孔子问同样的问题，孔子回答说：“听到了当然要马上行动！”

公西华对此十分迷惑，不明白为什么同一个问题老师却有不同的回答。孔子解释道：“冉有办事畏缩、犹豫，所以我鼓励他办事果断一些，叫他看准了马上就去办；而子路好勇过人，性子急躁，所以我得约束他一下，叫他凡事三思而行，征求父兄的意见。”公西华听了老师的回答，顿时恍悟过来。

孔子正是由于看到了子路和冉有具有不同的性格（子路急躁，冉有优柔寡断），才选择不同的沟通方式。每个人的情况都不相同，如果我们只按照自己的习惯和方式与人沟通，结果难免不令人满意。沟通要从对方的实际状况出发，才能获得好的沟通效果，也可以避免一些不必要的误会。

此外，在沟通的时候，还要区分不同的场合。例如，很多私营或民营企业的老总是父亲，副总是儿子，在家可以父子相称，交流也可以随意些；但如果在公司一般都以职务相称，并且交流内容一般不涉及私事。

从沟通对象的角度来看，小叶有点特殊，她刚刚在一场“人事升迁”中失利，应该还处于比较脆弱的时期，张磊的这句调侃无异于火上浇油。从沟通场合的角度来看，办公室本来就是一个小社会，人际关系微妙，诸如这类容易引起误会的玩笑还是少开为妙。如果是关系非常铁的朋友，或者在私交非常好的生活小圈子内，偶尔开开玩笑还是可以的，但也要注意万事有个“度”。

二、学会表达，学会倾听

有这样一个游戏：教师发给每位学生一张纸，与教师手中的一样。要求学生闭上眼睛，根据教师的指令折叠或撕扯手中的纸。整个过程中学生不允许发问。

检验结果是：基本没有学生手中剩下的纸与教师手中的相同或相似；极少有两名学生活动结束手中的纸是相同或相似的。因为在这个过程中，学生无法自己观察，也无法就自己不明确之处进行提问，因而这次沟通中间断裂了，当然效果也不尽人意。

以上游戏可以看出，“沟通”要真正形成“通路”，双方既要学会说，也要学会问。

曾经有个故事：

古时候一个小国使者到中国来，进贡了三个一模一样的金人，把皇帝高兴坏了。可是这小国同时出了一道题目：这三个金人哪个最有价值？皇帝想了许多的办法，请来珠宝匠检查，称重量，看做工，都是一模一样的。怎么办？使者还等着回去汇报呢。泱泱大国，不会连这个小问题都弄不懂吧？

最后，有一位退位的老大臣说他有办法。他拿着三根稻草，插入第一个金人的耳朵里一根，这稻草从另一边耳朵出来了，第二个金人的稻草从嘴巴里直接掉出来，而第三个金人稻草进去后掉进了肚子，什么响动也没有。老臣说：“第三个金人最有价值！”使者默默无语，答案正确。

这个故事告诉我们，最有价值的人，不一定是最能说的人。有人说，上天给我们两只耳朵一个嘴巴，本来就是让我们多听少说的。对于很多人来说，“听”都是比“说”更难以把握的一项沟通技巧。

很多人在与人沟通的过程中，喜欢不停地打断别人来陈述或强调自己的观点，这种做法既不礼貌，也很难取得预期的沟通效果。不管在哪种性质的沟通中，“善于倾听、不打断对方的发言”，都是沟通最基本的礼貌要求。

在倾听时，不时发出认同对方的“嗯”“是”之类的声音，但不打断对方的话，等到他停止发言时，再发表自己的意见，是比较合适的行为。我们在表达不同意见时，尽量用“很赞同……同时……”的模式，先对别人表示支持，客观地评价别人的观点，然后再推出自己的观点。

三、学会换位思考

人际关系对于工作的影响不言而喻，处理好与同事、上司的关系需要很多智慧，换位思考位列其中。换位思考是做人的一种气度，一种境界，是解决人际冲突的良药，是一个人成大事的必备条件。

现在很多人考虑问题总是站在自己的角度和利益上去想，一旦觉得对自己不利首先的反应就是针锋相对，对他人不满，牢骚满腹，甚至急火攻心做出冲动的事。这时我们要学会换位思考，如果能站在对方的位置考虑问题，也许一切都会迎刃而解。既然你改变不了别人，你就需要改变自己；你改变不了事实，你就要改变自己的心态。

譬如公司的制度也许有不尽人意的地方，但你要想到制度并不是定给你一个人的，再好的制度也不可能适用于每一个人，如果你依制度做事，制度又怎能约束得了你呢？如果你对有些同事不满，你也要站在对方的位置考虑，是不是自己也有不太对的地方呢？看一个人要多想一想他的优点，少想他的缺点。多想一想自己的不足和短处，心胸开阔了对自己对他人都会有莫大的益处。

如果你是调解者或决策者，换位思考有助于你保持客观公正的立场，良好的心态有助于打开双方关系的和谐局面，为工作顺利进行铺路。

如果你是单位的领导，下属犯错误你会怎么处理？有些事情照顾一个人并不难，难的是你必须对每一个人都公平，不能失去大多数人的尊重和信任。上司也不是故意的让某一个人为难，有些失误从全局的角度考虑是不能不了了之的，必须对相关人员做出处理。

“己所不欲，勿施于人”，我们要学会换位思考，从对方的角度思考问题，这是沟通获得成功的重要方法。

人们常说瞎子点灯——白费蜡。一位盲人夜间出门，却提着一盏明晃晃的灯笼。行人迷惑不解：“灯笼有用吗？”这位盲人的回答令人振聋发聩：“正因为我看不见你们，我才需要这盏灯笼，给你们这些明眼人以提示，免得你们在黑暗中看不见我这个盲人把我撞倒了。”听者豁然开朗，都被这位盲人的聪明所折服。

好的沟通者都有方法能“进入别人的频道”，在沟通前设身处地为对方考虑，认真思考对方的真实需求，能够接受什么样的语言、什么样的表达方式。做到这些，就比较容易获得对方的信任，表达的意见才易被对方采纳。

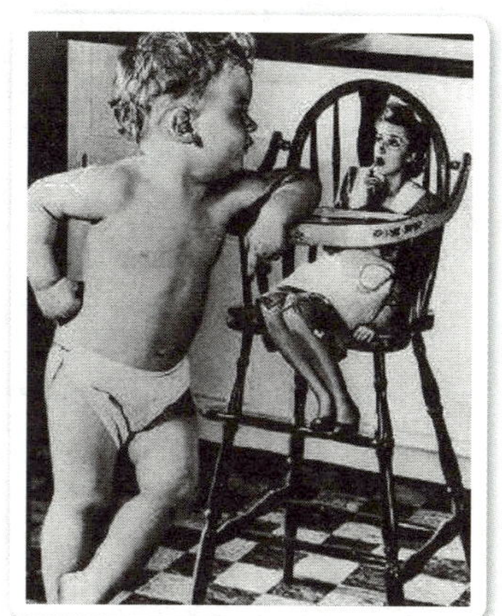

▲ 换位思考

四、学会“达成共识”

所谓“共识领域”，是指沟通双方所具有的共同经验范围。一则信息，从甲方传递到乙方，沟通双方以类似的经验为基础进行解读和接收。这种“类似的经验”越多，其“共识领域”越大，沟通时的共同语言也就越多，信息分享程度当然也就越高。

1971 年国庆节，毛泽东邀请来访的美国作家斯诺登上天安门城楼。斯诺是我国人民的老朋友，也是第一个被邀请上天安门的美国人，此举给美国政府一个暗示。斯诺在天安门上对毛泽东说：“北京这么美，我想尼克松总统也应该来看看。”毛泽东根据当时的国际发展形势以及中国在世界上的地位，分析出中美双方都有打破多年隔阂正式建交的愿望与可能，准确地“听”出尼克松总统有访华的意向，立即做出积极的回应。他对斯诺说：“尼克松总统如愿意来中国，无论是正式公开访问，还是私人秘密来华，我们都欢迎。不过，我还是要批评他的。”果然斯诺将毛泽东的话转达给尼克松后，他即派基辛格经巴基斯坦秘密来华铺路，第二年访华，为以后中美正式建交打下良好基础。

▲ 毛泽东与斯诺在天安门城楼

这个故事说明，中美双方已经有了互相建立联系的愿望，而这样的愿望就是毛泽东和斯诺此次谈话的“共识领域”，最终促成了尼克松总统的访华。所以，沟通的双方必须存在一定的“共识领域”，才能正确领会对方真实的意图，反之，沟通就会“卡壳”，“传而半通”，或“传而不通”。

近年来中国的奢侈品消费快速增长，由于在国内销售的大牌奢侈品价格较海外价格贵很多，呼吁政府降低奢侈品进口税收的声音近年来不绝于耳。2011 年商务部三次表态将下调针对奢侈品的关税，认为“降低关税是大势所趋，各个部门对此已有共识。”然而财政部却认为进口奢侈品消费税征收不但不应降低，相反地应该提高。两部委之间关于奢侈品税收的分歧之明显跃然纸上，而分歧的根源或在于“利益诉求”的不同。

张磊因为小叶不知道（或者一下子没想到）“笔记本”就是手提电脑而调侃她，犯了一个错误——就算“笔记本”可以指手提电脑，但是同样也可以指记事本。因此作为主述方，他在电话内的描述如果能够更详细一点，比如“在我的文档里”，或者在 D 盘的“目录”下，那么就不会引起小叶的误解了。当然，小叶也可能由于找数据心切，没有想到“笔记本”是指手提电脑。如果当时能够想到，也可以询问清楚些，就能消除不必要的误会了。

探索3：合适的肢体语言利于沟通

朱莉的问题

我做了一个练习，测试了自己的非语言交际能力。测试结果只有 11 分，说明我的非语言交际能力还有待于进一步改进。但是到底该从哪些方面入手呢？

表　现	得　分
我在听别人讲话时保持不动，不摇晃身体，不摆动脚，或者表现出不安定	3
我直视讲话者，对目光交流感到舒服	1
我关心的是讲话者说什么，而不是担心我如何看或者自己的感受如何	2
对某事欣赏时我很容易笑，显得很活泼	1
当我听别人讲话时，我能完全控制自己的姿态	2
我以点头来鼓励讲话者继续说或以一种支持、友好的方式来听他讲话	2
总分	11

（备注：按照下列标准，给每种表现打分：从不——1 分；有时——2 分；通常是这样——3 分；总是这样——4 分。如果你的得分大于 15，则你的非语言性技巧非常好；如果你的得分在 10～13 之间，说明你处于中间范围，应该有一定的改进；如果你的得分低于 10，那么请学习沟通的技巧。）

在人际交往中 55% 的信息是靠肢体语言传递的。比起一般的语言，肢体语言显得更为生动和有力。例如，你要招呼某人走到你的身边来，由于距离远或者声音嘈杂，对方根本听不见，你招一招手，他一看见就明白了。

很多时候我们不讲话，身体语言显示了我们的情绪和状态。假如有朋友在路上看见你，目光注视着你并微笑着说："你好！"你的心里会有暖流在涌动。假如你遇到一个人，他露出不易察觉的冷笑，然后用眼角的余光瞥了你一下，和你擦肩而过发出一丝阴阳怪气的"您好"，你一定浑身不舒服。

▲ 友好的表示

曾任美国总统的老布什，能够坐上总统的宝座，与他善用肢体语言分不开。在 1988 年总统选举中，布什的对手杜卡基斯，猛烈抨击布什是里根的影子，没有独立的政见。而布什在选民心目中的形象也的确不佳，在民意测验中一度落后于杜卡基斯10多个百分点。未料两个月以后，布什以光彩照人的形象扭转了劣势，反而领先10多个百分点，创造了奇迹。布什原来的演讲嗓音又尖又细，手臂动作也总是很死板。后来布什接受了专家的指导，纠正了尖细的嗓音、生硬的手势和不够灵活的摆动手臂的动作，同时着装强调“平民化”，这些都使他的形象产生了独特的魅力。在以后的竞选中，布什竭力表现出强烈的自我意识，改变了人们原来对他的评价，终于获得了最后的胜利。

▲ 激情四射的奥巴马

无独有偶，现任美国总统奥巴马也是一个擅用肢体语言、激情四射的人。由此可见，肢体语言的作用非常大，善用肢体语言，往往可以取得意想不到的效果。

一、不同手势的寓意和使用

手势可以表达一定的含义，手势语是一种非常重要的沟通语言。也许仅仅是一个拿茶杯或者打招呼的手势，就已经影响他人对你的印象。

❶ 指示性手势

这种手势明确表明方向、地点或某个物体。正确姿势为：五指自然并拢，掌心向上，伸出手臂，在同一平面上，与地面呈45°，指示正确方向。如引导宾客时，应用右手进行指引。

❷ 情绪性手势

这种手势表达人的情绪。例如，拍手表示喜悦，两手相绞表示精神紧张等。

❸ 象征性手势

这种手势表示约定俗成的抽象概念，不同的民族或地域代表不同的含义，务必注意手势的区域性差异。

（1）翘大拇指：在中国表示“棒、厉害”；在德国表示数字“1”；在美国、法国、印度表示搭车；在澳大利亚表示骂人；在日本则表示男人、父亲。

（2）伸小指：在中国表示最小的、倒数第一；在日本表示女人、女孩子、恋人；在印度、缅甸表示想去厕所；在美国、尼日利亚等国表示打赌。

（3）OK：在中国表示数字0或3；在美国和英国用来征求对方意见或表示同意、赞扬、顺利和了不起；在法国表示0、一钱不值；在日本、韩国、缅甸表示金钱。

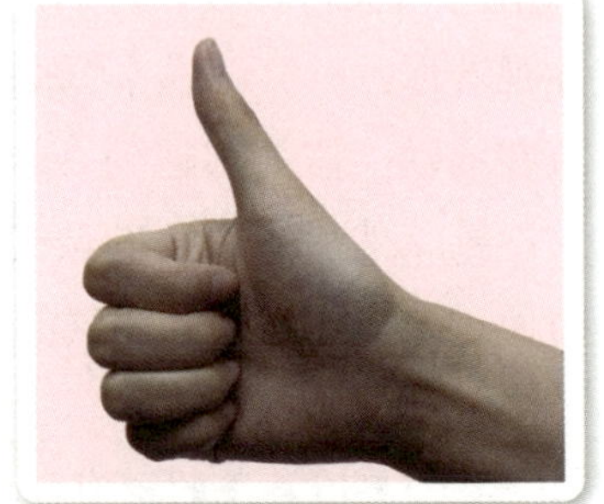
▲ 翘大拇指

▲ 伸小指

▲ “OK”手势

▲ “V”的手势

（4）“V”字手势：手掌朝向对方，表示胜利；若手背朝向对方，则表示侮辱。

（5）挥手致意：用来向他人表示问候、致敬、感谢。当你看见熟悉的人又无暇分身不能招呼的时候，就举手致意，可以立即消除对方的被冷落感。要掌心向外，面对对方，指尖朝向上方。千万不要忘记伸开手掌。

（6）招手：掌心向下的招手动作，在中国表示招呼别人过来，在美国表示叫狗过来。

（7）鼓掌：这种手势是比较特殊的，基本上在全世界范围内都表达相同的寓意，一般出现在比较热烈的气氛中，表示感谢、祝贺等。鼓掌时，两手基本呈十字形交错，双掌为拱，空心相击。这样，既不容易把手拍疼，也比较容易根据场合的需要控制击掌声的响度。

（8）任何时候，任何国家，手指握拳，单伸出食指指向某人，都是一种令人不快的手势。

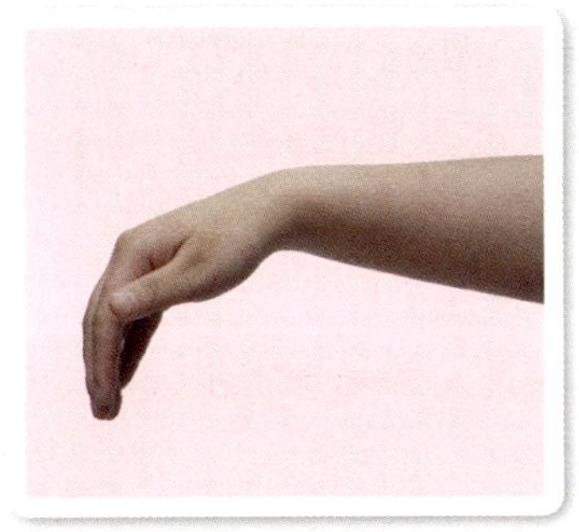
▲ 招手

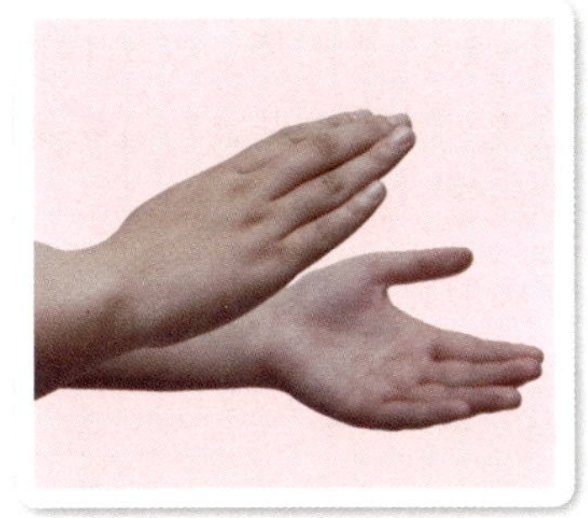
▲ 鼓掌

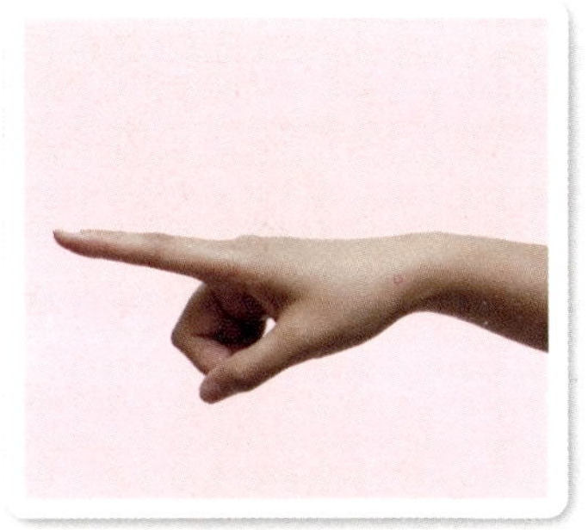
▲ 食指指向标的

朱莉在学习了《手势的寓意和使用》的资料后，非常受启发。自己平时的小动作很多，这不仅泄露了内心活动，有时候也暴露了自己的缺点。自己以后一定要多注意，让自己的一言一行都能够符合文明礼貌的要求。朱莉下定决心，今后用高标准严格要求自己，尽快学会完美标准的肢体语言，为自己的职场奋斗添一把力。

二、其他肢体语言

人类先是通过声音来交流，声音不能满足表达需要的时候，就通过肢体来交流。人类最初的肢体语言原本很杂乱，进化出语言、文字后有的丢失了，我们把流传下来的固化为礼仪动作，成为全人类的文明礼仪。

点头是最普遍的礼仪肢体语言，简单实用，可以拉近人与人之间的距离。微微点头适用于初次相遇的人，遇见熟悉的人又不方便讲话时，我们也可以点头致意。信奉伊斯兰教的女士是不与男士握手的，男士也可以用点头礼来表达问候。我们行点头礼时，要面带微笑，双目注视对方，微微点头，速度不要太快，幅度不要过大，次数不能过多。

肢体语言都是组合运用的，有的时候还要和表情、语言配合起来用。

不好的肢体语言：当众挠头皮、挖鼻孔、掏耳朵、剪（咬）指甲、打哈欠、嚼口香糖、脱鞋、坐着或站着时抖脚、在公众场合吃零食、开会或接待客人的时候一直玩弄笔杆等。

加油站

与人交往应注意保持“安全距离”，让双方都感到自在、舒适，才能沟通良好。美国人类学家、心理学家霍尔博士通过大量事例证明，现代人与人的交流有四种距离：

1. 亲密距离。这是恋人之间、夫妻之间、父母子女之间以及至爱亲朋之间的交往距离。亲密距离大约在 0～46 厘米之间。

2. 私人距离。这是一个更有“分寸感”的交往空间，距离大约在 46～122 厘米之间，有较大开放性，亲密朋友、熟人可随意进入这一区域。

3. 社交距离。这个距离体现的是一种社交性的、较正式的人际关系。可分为近位和远位两种。近位社交距离在 1.22～2.13 米之间，在工作环境中，领导对部属谈话，布置任务，交代工作，听取汇报等一般保持这个距离。在一般的社交聚会上，陌生人之间，客户之间商谈事务时也采取这一距离。远位社交距离在2.13～6.1米之间，这是正式社交场合、商业活动、国事活动等所采用的距离，体现交往的正式性和庄重性。

4. 公众距离。这是人际接触中界域观念的最大距离，是一切人都可自由出入的空间。公众距离在 6.1 米之外。

朱莉除了要研究手势的寓意之外，平时与人交往还要下功夫，要时刻注意充分尊重别人，一举一动尽可能妥帖恰当，符合礼仪的要求，整个人就会显得比较文雅，增加人格魅力。

话题小结

职场生涯之中，言语表达和肢体语言使用都是很重要的沟通方式。一个善于与他人沟通，懂得运用声音魅力和肢体语言的人，更容易获得别人的理解和支持，所以，职场新人一定要努力学会沟通的各种基本礼仪，为自己的职业生涯提供帮助。

礼仪小舞台

❶ 案例分析：

1954 年 5 月周恩来率中国政府代表团参加日内瓦国际会议。周恩来认为，新中国已主动迈出了走向世界、了解世界的可喜步伐，但同时也应有意识地让世界更多地了解新中国，进而走向新中国。因此，为了让与会国家代表团和新闻记者了解中国悠久的传统文化艺术和新中国成立几年来所呈现的新气象、新面貌，他特意指示中国代表团带去了国内刚拍出的第一部彩色影片《梁山伯与祝英台》。

周恩来素来喜欢看中国各种民族歌舞，尤其是越剧，他认为，越是具有民族性的，就越有世界性，因此，只要给这部影片取个既恰如其分又有吸引力的名字，外国人就会非常有兴趣了。怎么样给这些外国人介绍这部影片呢？工作人员准备好了十几页的说明书。周恩来曾在欧洲生活过，对欧洲人的文化素养有较多了解，他把说明书抛开，凝神想了一会儿说：“只要在请柬上写上一句话：请您欣赏一部彩色歌剧电影——中国的《罗密欧与朱丽叶》，并在放映前作 3 分钟的说明，概括地介绍一下剧情，用语要有点诗意，带点悲剧气氛，把观众的思路引入电影，不再作其他解释。保你成功！”事实证明周恩来的提议是正确的。

请讨论：这个故事告诉我们沟通时要注意什么？

❷ 请借助录音机训练自己的正确发音。

❸ 请练习指引较近方向和较远方向的不同手势。

话题 4 行政文秘礼仪

1. 了解接打工作电话的礼仪，学会接打工作电话。
2. 了解发送电子邮件的礼仪。
3. 了解办公室其他设备的使用礼仪。
4. 了解引导的礼仪。
5. 了解办公室内奉茶礼仪，学会奉茶的基本动作。

有一次，张磊接到一个客户电话，电话那头的声音近乎咆哮，而且对方根本不给他说话的机会，说了很多难听的话。他尽力克制着自己，但挂上电话后还是十分生气。主管 Nancy 闻声走过来，轻轻地拍拍他的肩膀以示安慰，又回拨了刚才那个电话号码。电话接通后，电话那头仍然是不满的咆哮声，Nancy 却微笑着对电话里说："对不起，先生，请大声点儿，我听不清您说话。"那边的声音竟明显地小了下来，但还是气势汹汹的。"先生，您还在吗？请大声点儿好吗？我听不清您说话。"电话那头出现了短暂的沉默，接着便出人意料地开始向 Nancy 道歉，说他今天心情不好，刚才失态了，希望 Nancy 能原谅他的无礼……

探索1：接打工作电话

张磊的烦恼

朱莉总觉得我这个行政文秘的日常工作轻松，其实我的工作有时非常琐碎，光是接个电话就让人受不了。好像每一件工作都非常细小、不起眼，但是就是这些"小事"要做得非常出色，也是非常不容易的。

看着微笑打电话的 Nancy 姐，不禁感慨：我怎样才能像 Nancy 姐一样有打好每一个工作电话的本事呢？还是去虚心求教吧！

在工作中，电话、邮件、传真等都是重要的交流方式，处理这些事情要注意沟通礼仪的一般要求和通讯礼仪的特别要求，体现职场人的礼仪素养，必须引起职场人高度重视。

日本著名企业家松下幸之助曾说过："不管是在公司，还是在家里，凭个人打电话的方式，就可以基本上判断其教养的水准。我每天除了收到好多预约讲演的信件，还接到很多委

托讲演的电话。我凭着电话里对方的说话方式，就能判断其教养如何，凭对方在电话的第一句话，就可以基本决定我是去讲，还是不去。”可见，电话礼仪对于职员个人还有他所代表的企业有多么重要！

一、接电话的礼仪

❶ 及时接听

电话最好在三声内接听，因故未及时接听要说抱歉。

❷ 应先问候，然后自报家门

（1）接听外部电话时："您好，XX 公司！"

（2）接听内部电话时："您好，XX 部！"

（3）切忌“喂，喂”或者“你是谁呀”查户口似的询问。

▲ 微笑着左手持话筒，右手记笔记

❸ 注意语音语气

说话声音要适中、愉快、亲切。

❹ 面带微笑

微笑接听电话，你的微笑对方能感受得到。

二、代接电话的礼仪

被呼叫同事不在座位上时，邻座同事可代为接听，可以说：“请问您是找 ×× 吗？他/她临时有事走开了，需要我代为转达吗？”或“请您稍后再来电话好吗？”切忌只说“不在”，应做好记录后转达。

永远不要对打来的电话说：“我不知道！”这是一种不负责任的、非常不职业化的表现。

三、拨打电话的礼仪

❶ 时间

公务电话最好避开节假日、午休时间、晚上 9 点之后早上 6 点之前、三餐时间、临近下班时间等时间段。

❷ 空间

非紧急事情尽量不要在办公场所打私人电话，要避开同事，在公众空间打私人电话实际上是一种噪音骚扰。

❸ 时长

通话时间尽量控制在 3 分钟之内。

❹ 内容

- 问候对方——您好！请问您是 ×× 吗？
- 自报家门——我是 ×× 公司 ×× 部门的 ×××。

◆ 必备用语——请问您现在说话方便吗？

◆ 所为何事——打电话的主要目的是……

◆ 告别用语——打搅您了，非常感谢！

四、怎样挂断电话

如果自己有事不宜长谈，需要中止通话时，应说明原因，告知对方："一有空，我马上打电话给您"。中止电话时应恭候对方先挂电话，不宜"越位"抢先。一般下级要等上级先挂电话，晚辈要等长辈先挂电话，不可只管自己讲完就挂断电话。

张磊明白了学会运用正确的方式接打电话，不仅能解决好工作问题，还是自身素养的体现，也能帮公司塑造良好形象。Nancy 就是运用了正确的电话礼仪，机智灵活地处理问题，提醒对方打电话时的冲动和不礼貌，才使得对方能心平气和地讲话，进入正常的沟通方式。

手机使用礼仪

1. 公共场合不可以旁若无人地使用手机，特别是楼梯、电梯、路口、人行道等地方，应该把自己的声音尽可能压低一些，绝不能大声通话。

2. 在办公室、会议上或与别人洽谈，最好把手机调到振动状态，包括接收短信。避免在别人注视你的时候查看短信。如有特别紧急的情况，可在说明情况并致歉之后，到会议室外面接听电话。

3. 在飞机上，无论多忙多紧急，为了自己和其他人的安全都不要使用手机。在电影院或剧院，也要把手机调为振动。

4. 在餐桌上应避免打电话或查看短信，关掉手机或把手机调到振动状态是非常必要的。

5. 手机一般应该放在随身携带的公文包里，也可以放在上衣的内袋里；不要挂在脖子上，或者放在上衣外侧口袋，也不要一直拿在手上。

6. 不要编辑和转发不健康的短信。和不熟悉的客户之间，不应将短信作为联络方式。

7. 手机铃声应符合自身的职业形象，不能过于怪异或格调低下，以免影响自己和公司的形象。

探索2：邮件礼仪

张磊的烦恼

上周我发送的好几封重要邮件都没有回音。是对方事情太多太忙忘记回邮件，还是自己的邮件礼仪不到位得罪了客户？到底是什么原因？

邮件的行文是否有礼有节，措辞是否恰当、礼貌，在很大程度上显示了一位职场人士的专业素养，也一定程度上反应了其所在公司的专业形象。

❶ 简单而又能概况内容的标题

电子邮件的标题是电子邮件的灵魂所在。标题一定不要是空白，这是最失礼的；邮件标题应尽量简短，使用简明扼要的主题，让收件人迅速了解邮件内容并判断其重要性。

❷ 规范的行文

发送电子邮件必须遵守纸质书信的一般规范，要有称呼、问候、致谢、署名等。恰当地称呼收件者，公务邮件应按职务尊称对方。电子邮件开头结尾要有问候语，最简单的开头问候写上“您好”，结尾写上“祝您顺利”之类的礼貌用语。

❸ 内容简明扼要

篇幅要简洁，多用简单词汇和短句，表达准确清晰，但文字也不要过少。

❹ 正确使用

掌握主送、抄送、密送的正确使用方法。

❺ 注意保密

对敏感或者机密信息要小心处理，不要把内部消息发送给外部人员或者未经授权的接收人。为了防止信息外泄，可以在发送时标注标记，或在发送时设置禁止转发和打印，以确保机密信息的万无一失。

❻ 慎用符号

在商务信函里面使用表情字符会显得比较轻佻。对公务邮件不要用稀奇古怪的字体或斜体，最好不用背景信纸。

❼ 及时回复

收到他人重要的电子邮件后，需要及时回复对方，以示对他人的尊重。理想的回复时间是 2 小时内，特别是对一些紧急重要的邮件。对于一些优先级低的邮件可以集中在一 个特定的时间处理，但一般不要超过 24 小时。

❽ 其他要点

（1）如果邮件带有附件，应在正文里面提示收件人查看附件；附件名应具体；附件数目不宜超过 4 个，超过 3 个请打包；如果附件是特殊格式文件，应在正文中说明打开方式，以免影响使用；每封邮件在结尾都有署名，这样对方可以清楚地知道发件人信息。不要发送与工作无关的邮件。

（2）中国内地与港、澳、台地区以及其他国家的中文编码不尽相同，通信时乱码现象时有发生。因此，要用英文注明自己使用的中文编码系统，以保证对方顺利收到电子邮件。

（3）定期检查计算机系统的时间与日期的自动标示。电子邮件传送时会以所用计算机的设定日期与时刻来标示信件发送的时间，为避免不必要的误会或窘况发生，使用者须定期检查计算机系统时间与日期的设定是否正确。

张磊仔细研究了自己的 E-mail，觉得问题应该不是出在自己这里，只能打电话给客户询问具体情况。结果客户说，也许给公司自动过滤系统给屏蔽了，建议他不要使用国内免费邮箱，因为很多国外网站都是直接将国内的免费邮箱发送的邮件放进垃圾箱的，建议使用 Gmail、Hotmail、Aol、Yahoo 等国际邮箱发送，当然也可以使用自己公司的邮局系统发送。张磊听后立即明白了，原来发送邮件应该注意的事项多着呢，必须学会"与时俱进"啊！

探索3：办公设备使用礼仪

张磊的烦恼

我每天都有文件需要发送传真或者复印，但是我还是不清楚传真或复印文件是不是也有相关的礼仪要求。

使用传真机、复印机是职场新人必须具备的基本工作能力。学会使用各种办公设备是很多公司岗前培训的项目之一。使用传真机和复印机时，工作人员应该注意哪些礼仪要求呢?

一、传真机礼仪

（1）发送传真的操作力求标准规范，以提高清晰度为要旨。

（2）在设备使用高峰期内不要长期占用设备。传真一般不适用于页数较多的文件，成本较高，时间过长，也会影响其他工作人员使用。轮候使用传真机时，一般让传真文件只有一两页的同事先进行。

（3）在公司里不要发私人传真稿件。

（4）如果遇到传真纸用完时，应及时更换新传真纸。如果遇到传真机出故障，应及时找出原因，先处理好再离开，如不懂修理，就请别人帮忙。不要把问题留给下一个同事。

（5）如果传真机设定在自动接受的状态，发送方应尽快通过其他方式与收件人取得联系，确认传真是否收到。

（6）收到传真的一方也应及时给予回复，以免对方惦念。

（7）尽快处理需要办理或转交、转送他人发来的传真，避免因疏漏造成传真丢失。

（8）使用完毕后，不要忘记将原件拿走，否则容易丢失原稿，或走漏信息；发传真时不可中途离开，以免其他不相关人员无意中看到传真件的内容，导致泄密。

（9）对于企业重要秘密文件不通过传真形式，可以亲手交付，确保企业秘密信息的万无一失。

二、复印机礼仪

（1）复印机是使用频率较高的公共设备，应遵循先来后到的原则，但是当你需要复印大量文件时，应让轮候在你之后且只复印一两页的同事先印。

（2）在公司里不要复印私人资料。

（3）设备出现卡纸、缺纸或需更换碳粉时，要及时处理或请别人帮忙，不能一走了之，把问题留给别人。

（4）使用完毕后，拿走自己的原件，防止泄密或丢失。

（5）应节约使用复印纸张，对可以重复使用的纸张应合理利用。使用完复印机也应设定至节能待机状态。

▲ 正确使用复印机

探索4：引导礼仪

朱莉的问题

刚被录用的时候，张磊进了办公室，而我却被安排在前台，我还有些想法。渐渐地我发现，前台要学的东西太多了！这不，明天总公司领导来视察，我们总经理将亲自接待，我的任务就是引领总公司领导从楼下乘坐电梯至总经理会客室。这次任务非常重要，我需要做的“功课”真不少呢！

▲ 正确的引导动作

一、基本原则

（1）引导者应站在贵宾侧前方一米左右，半转身面朝着客人。

（2）前行时尽可能用右手引导，也可根据情况选用左手，注意在转角拐弯或需改变行进路线时手臂前伸，手掌指向行进路线。对伊斯兰教徒只能用右手。

二、引导手势

引导时态度要诚恳、恭敬、有礼貌。应用右手进行指引；五指自然并拢，掌心斜向上方，手背与地面呈 45°，伸出手臂，指示正确方向。指示近距离目标时，以肘关节为轴指示方向，在同一平面上，与地面呈 45°～60°；指示远距离目标时，右手臂完全展开，与地面平行；上体稍有前倾，面带微笑，在注视时兼顾对方是否会意。

三、引导方法

❶ 走廊

引导者应走在客人之前两三步，配合客人的步调，让客人走在内侧。遇到交叉路口或转弯处，应用手指示方向，并且加上关切的语言“这边请”。

▲ 让客人走在楼道中央，与客人步伐一致

▲ 在转弯处，应用手指示方向

❷ 电梯

引导客人乘坐电梯时，如无专人开门，引导者应先进入电梯，等客人进入后关闭电梯门。到达时，引导者按住“开”的按钮，让客人先行，随后再跑步超前引路。

▲ 无专人把手的电梯，引导者先进后出

▲ 电梯运行中，应侧身微笑面对客人

❸ 楼梯

引导客人上楼时，应让客人走在前面，引导者在后面；若是下楼梯，应由引导者走在前面，客人在后面。上下楼梯时，引导者应该时刻注意客人的安全。

▲ 下楼梯，引导者在前，客人在后

▲ 上楼梯时，客人在前，引导者在后

❹ 进会客室

当客人来到会客室前，引导者应停住脚步，转身面向客人说："这是会客室"，并开门引导客人进屋。如果是拉门（朝外开的门），引导者应开门并按住门，等客人进入后再进入；如果是推门（朝内开的门），引导者应先进入，把住门，侧身请客人入内。

▲ 打开拉门，先让客人

▲ 把住推门，迎候客人进入

5 会客室入座

进入会客室后，引导者用手指示相应的座位，请客人坐下；看到客人坐下后，行点头礼，并面向客人后退三步，方可转身离开。

引导就座时，长沙发优于单人沙发，沙发椅优于普通椅子，较高的座椅优于较低的座椅，距离门远的、靠近窗子的位子为上座，"以右为尊"——第一尊贵客人坐在第一主人的右边。如下图所示：(座次由低到高排序，1 为最尊者)

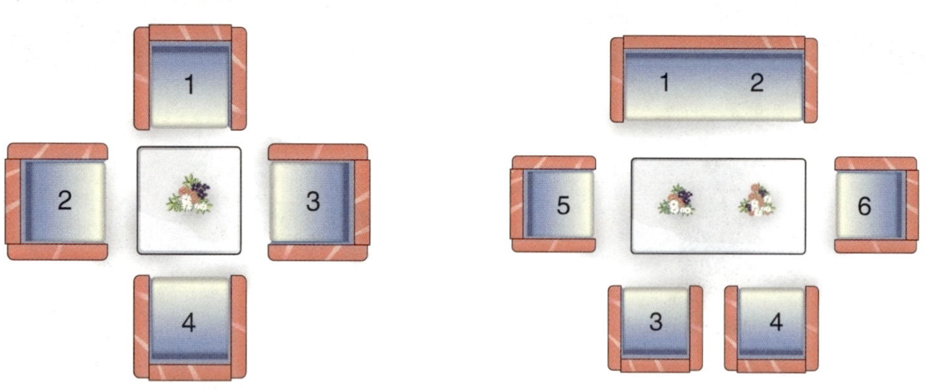

▲ 单人沙发的座次排列图　　▲ 长沙发的座次排列图

站立引导时，引导者应在客人距离 2 米左右时做出引导手势，为客人指明方向；必须保持引导动作直至客人从身前走过，并背对引导者，方可结束引导动作。

行进引导时，即长距离引导客人，不需要一直保持引导动作。主要应该在引导开始、结束或客人落座前，以及转弯处、上楼时、进门时，引导者需提前做出手势，及时提示客人，直至客人会意。

前台接待虽然看似无足轻重，但却是一个企业的门面，前台接待人员的形象直接代表了企业留给客户的第一印象，因而把握每一个细节非常重要。朱莉非常认真地查阅了引导的相关知识，并自己提前预演了一次，还请了 Nancy 姐陪自己模拟练习了几次，终于胸有成竹了。

探索5：奉茶礼仪

朱莉的问题

在前台锻炼了一段时间后，我被调进了办公室。文秘的一些基本工作，我还是跟 Nancy 姐学习。有一些看似简单的工作，做起来还真有讲究呢！今天上午，× 公司赵总来访，我用一次性杯子泡了一袋立顿红茶，还没拿到会客室，就被 Nancy 姐拦下了。她说赵总是非常重要的客户，身份尊贵，要是被王总知道我就拿一次性杯子和袋泡茶去招待，非把我炒鱿鱼不可。真的会有这么严重的后果吗？

中国历来就有“客来敬茶”的习俗。早在三千多年前的周朝时期，茶就已经被奉为礼品和贡品。到两晋、南北朝时期，“客来敬茶”已经成为人们交际往来的社交礼仪。

唐朝刘贞亮曾认为“茶有十德”：以茶散郁气，以茶驱睡气，以茶养生气，以茶除病气，以茶利礼仁，以茶表敬意，以茶尝滋味，以茶养身体，以茶可行道，以茶可雅志。唐朝卢仝的《七碗茶歌》也对茶做了非常形象的描述：“一碗喉吻润，二碗破孤闷，三碗搜枯肠，惟有文字五千卷。四碗发轻汗，平生不平事，尽向毛孔散。五碗肌骨清，六碗通仙灵。七碗吃不得也，唯觉两腋习习清风生。”唐宋时期，众多的文人雅士如白居易、李白、柳宗元、刘禹锡、皮日休、韦应物、温庭筠、陆游、欧阳修、苏东坡等，他们不仅酷爱饮茶，而且还在自己的佳作中歌颂和描写过茶叶。

▲ 妙玉奉茶

相传苏东坡一日去附近的寺庙拜访，庙里的住持一看苏东坡衣着简朴，不像是什么大来头的人，就漫不经心地指着破凳说：“坐。”并随口吩咐一个小和尚说：“茶。”

苏东坡并不在意，坐下后就与住持谈经论

道。住持刚开始不在意，可慢慢发现眼前这人谈吐不凡，是知识渊博之人。于是请苏东坡大殿说话，客客气气对苏东坡说："请坐！"并对小和尚说："敬茶！"

聊着聊着，住持问了苏东坡的名字，一听是大名鼎鼎的苏东坡，住持非常高兴，赶紧又把苏东坡请进了客厅，毕恭毕敬地说："请上座。"他对小和尚的吩咐也变成了"敬香茶"。

待苏东坡离去之时，住持请苏东坡题一幅字画，苏东坡微微一笑，留下一副对联：

坐，请坐，请上座；
茶，敬茶，敬香茶。

住持一看，面红耳赤。

从上面的故事中不难看出，奉茶方式体现出对客人的尊重程度。如何将中国有着千年传统的奉茶礼仪发扬光大，通过正确的奉茶礼仪展现个人乃至公司的良好形象，是每一个职场新人不可不重视的商务礼仪之一。

最基本的奉茶之道，就是客户来访马上奉茶。奉茶前应先请教客人的喜好，如有点心招待，应先将点心端出，再奉茶。在任何喝茶的地区，都有奉茶的习俗，表达对客人的敬意，传达待客之道。

▲ 茶具

▲ 茶道

一、茶水的选择

这里的"茶水"，是广义的，包括矿泉水、热泡茶、咖啡、饮料等。茶水的选择应根据客人的喜好，例如有人不爱喝咖啡，只喝茶；有人喝咖啡，只加糖不加奶，或只加奶不加糖等。文秘或接待，必须根据具体情况选择茶水。

（1）袋泡茶和速溶咖啡一般情况下与一次性杯子搭配使用，招待普通客户。

（2）品质较好的茶叶应与中式盖杯搭配使用，如无盖杯，可临时用玻璃水杯代替，用以招待比较重要的客人。如果公司长期需要接待国内客户，且客户均喜好喝茶，那么盖杯是必备的饮具。

（3）现磨咖啡应与咖啡杯、咖啡匙、糖缸、奶盅搭配使用，同样用以招待比较重要的客人。当然，泡咖啡的技术，也是一名现代文秘必须掌握的技能。

二、奉茶的方法

❶ 会议桌奉茶

一般从客人右后侧用右手将茶奉上，并面带微笑，眼睛注视对方；放茶杯时先将小拇指压在杯底再放杯，避免茶杯与桌子相撞发出声音。两杯以上茶水需要使用托盘端茶，在托盘内准备干净的小毛巾或湿巾纸，可以用来处理不小心溢出来的茶水。

▲ 从右侧给客人敬茶

▲ 蹲式奉茶

❷ 会客室内茶几奉茶

将茶盘放在临近客人的茶几上，然后用左手托着茶杯底部，右手扶着杯子下半段 1/2 处，杯耳朝向客人，双手将茶递给客人，并用手势表示请慢用或者直接说“您请用茶”。

❸ 奉茶顺序

先长后幼，先客后主，先女后男。空间不便时，依照顺时针的方向把茶水端给客人。

❹ 切忌茶具不洁

杯沿没有灰尘，杯具的底部没有茶垢，保持洁净。如果使用一次性杯具，拿出时应从杯子底部抽出，防止手指碰触杯缘。

❺ 敬茶过程中注意事项

敬茶时注意水温不宜过烫，以免不小心烫坏客人的嘴唇或双手。如果使用一次性杯子，应该选用纸质的，并且在杯具底部加上杯托，方便客人饮用。

俗话说“茶倒七分满，留下三分是情分。”这既表明宾主之间的良好感情，又出于安全考虑，七分的茶杯好端，不宜烫手。

用红茶或者咖啡待客时，杯耳和茶匙的握柄要朝向客人的右边，并替每一位客人准备砂糖和奶精，将其放在杯子旁或小碟上，方便客人自行取用。未经客人同意，茶中不能添加任何东西。如有茶点心，应放于客人的右前方，而茶杯应放于点心右边。

客人杯中茶水快尽，要及时为客人续茶。加水时要将茶杯拿到桌子的拐角处，然后加水，这样可以避免不小心弄湿桌上的资料。壶中茶叶一般浸泡 3 至 4 次就要更换。

等到客人完全散去后方可收茶。

听 Nancy 讲了那么多奉茶的方法，朱莉暗自喟叹：原来，奉茶的讲究还真不少呢！难怪 Nancy 半路拦下朱莉：赵总那么重要的客户，如果真的用一次性茶杯，还用袋泡茶，事情的后果可就说不清楚了！

话题小结

办公室是职场人士处理日常工作的重要场所。在这里，我们与领导、同事和客户相处，拥有良好礼仪素养不仅代表个人形象，也代表公司的形象。创造一个和谐的办公环境必须从最基本的礼仪开始，一声问候、一个微笑，让自己的一言一行都符合职场要求，努力学习与工作密切相关的行政文秘礼仪、引导礼仪、奉茶礼仪等，提高自身专业能力之外的竞争力，获得别人的尊重、信任、宽容、友爱，有效地开展合作交流、业务往来，更好地开拓自己的职业生涯。

1 案例分析：先来听三段电话录音，想一想，如果你是客户，在工作时间遭遇对方这样的留言，会如何看待这个公司？

（1）“嗨，您好！我是 Nancy。我现在在会议室开会所以不能接听您的来电，真的非常抱歉。如果您没有急事的话，过两个小时再打过来试试；如果有急事，请留下你的姓名和电话号码，我会议一结束，马上就给你回电话。不要着急哦。Hello.This is Nancy…Please leave your message after Beep。”

（2）“你好，是我朋友吗？是朋友就知道我是夜猫子啦，知道什么时候能找到我了吧？那么现在，就对我的语音信箱说两句吧。我的话讲完了，该轮到你了……”

（3）“你好，这里是 ×××。我现在不在座位上，请留下你的姓名和电话号码，我会尽快与你联络。谢谢！”

2 每天上班开始，你应该注意完成哪些工作事项，并形成习惯？每天下班前，你应该注意完成哪些结束事项，并形成习惯？

3 完成以下实训练习：

（1）请将一份订单合同发送传真到浙江贸易公司。

（2）打电话通知各部门经理迅速到总经理办公室参加紧急会议。

（3）请用电子邮件形式，通知各个部门到前台取回被退回的无法确认发送人的快递和信件。

第三幕
崭露头角（角色：职场黑马）

机遇总是先落到准备好的人手中。

参加工作后第三年，朱莉凭借着朴实的工作作风和勤恳的工作态度，得到领导的认可和同事的好评，晋升为行政主管。

此时的朱莉，需要面对的已经不仅仅是办公室的领导和同事，她开始逐渐参与公司各类公关活动，接待客户、拜访客户、与客应酬、商务洽谈等，都成为其必修课。

话题1 拜见客户

学习目标

1. 了解握手的礼仪，学会在不同场合运用恰当的方式和顺序跟不同的对象握手。
2. 了解介绍的礼仪，知道自我介绍的要领，能作为第三方介绍他人。
3. 知道递接名片的要领，学会递接名片。

案例导引

上午 Nancy 姐对朱莉交代：Julie，我待会儿跟王总出去开会。昨天 A 公司的沈总（男士）与王总约好下午两点过来，我们尽量赶回来，但是如果堵车，你先帮忙接待一下哦！

朱莉：好的，Nancy 姐，交给我吧！

探索1：握手的礼仪

朱莉的问题

这位沈总，我之前倒是见过几面，不过以前见重要客户，基本不用我出面，我都躲在王总和 Nancy 姐的后面。今天我独立唱主角，那我见到他，应该用什么礼节呢？是鞠躬好，还是主动迎上去握手好啊？

握手是在相见、离别、恭贺、或致谢时相互表示情谊、致意的一种礼仪，双方往往是先打招呼，后握手致意。

握手最早发生在人类“刀耕火种”的年代。在狩猎和战争时，人们手上经常拿着石块或棍棒等武器。他们遇见陌生人时，如果大家都无恶意，就要放下手中的东西，并伸开手掌，让对方抚摸手掌心，表示手中没有藏武器。这种习惯逐渐演变成今天的“握手”礼节。

一般说来，握手往往表示友好，是一种交流，可以加深双方的理解、信任，可以表示一方的尊敬、景仰、祝贺、鼓励。团体领袖、国家元首之间的握手则往往象征着合作、和解、和平。

一、握手的时机

握手是一种友好的体现，但应基于双方自愿的原则，不可强求。以下情况通常是比较好的握手时机：

遇到久未见面的故知，可以用握手来表示重逢的欣喜。

社交或工作场合，遇到老同学、上司等握手，以示高兴和问候。

被介绍给不相识者时，可以用握手来表示乐意结识对方。

应邀参加社交活动，应与主人握手，表示谢意。

在比较正式的场合，迎接客人，可以握手以示欢迎。

在比较正式的场合，与他人道别时，握手可以表示惜别和珍重之意。

拜访他人辞行之时可以用握手来表示希望“再会”。

他人向自己表示恭贺、颁奖时，可以握手表示感谢。

向他人表示祝贺、恭喜时，可以握手以示诚意。

二、握手的顺序

握手的顺序要掌握“三优先”原则，即：长者优先、女士优先、职位高者优先。

在商务接待中，客人来访时，主人先伸手以示欢迎；客人告别时，客人先伸手，以示道别和谢意。如果客人刚起身要道别，主人立刻先伸手，会给客人留下催促其离开的印象。但是，握手的先后次序也不必处处苛求，如果自己是长辈、上级以及女士，遇到晚辈、下级和男士抢先伸手，最得体的就是立即伸出自己的手进行配合，不要置之不理，以免对方尴尬。

三、握手的方式

握手分单手相握和双手相握两种。一般，双手相握适用于亲朋故友之间，表达深厚情谊，因而不太适用于初识者、异性和普通社交场合。

单手相握是以右手单手与他人相握，是任何场合都适用的握手方式。下文中的“握手”基本以单手相握为例。

❶ 握手的姿势

握手的标准姿势为：伸出右手，四指并拢，拇指张开与对方虎口相对而握，上下微微晃动。在握手时，应注意以下几个方面：

（1）手位不同，有三种情况：

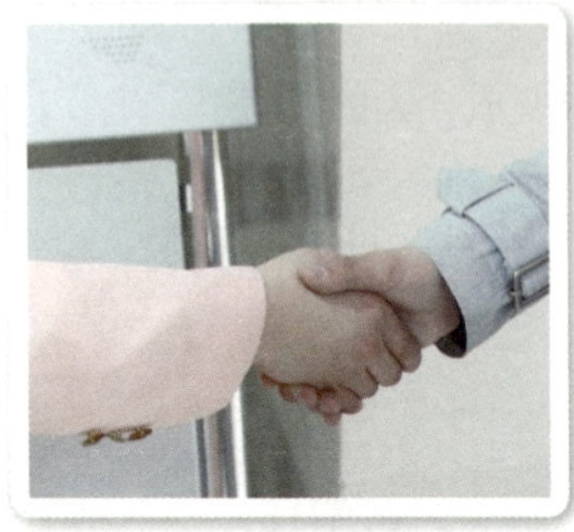

▲ 平等式握手

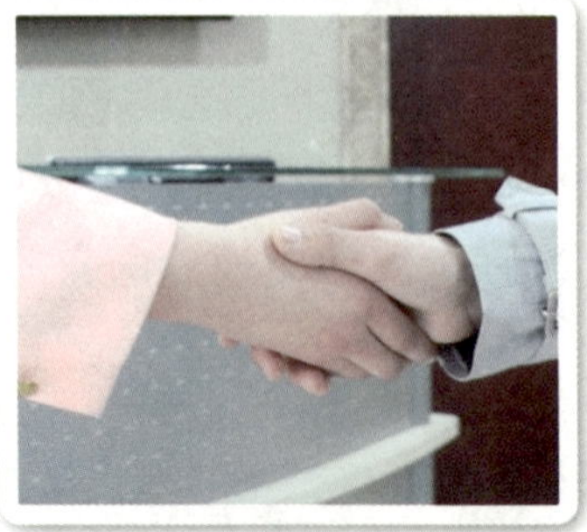

▲ 顺从式握手

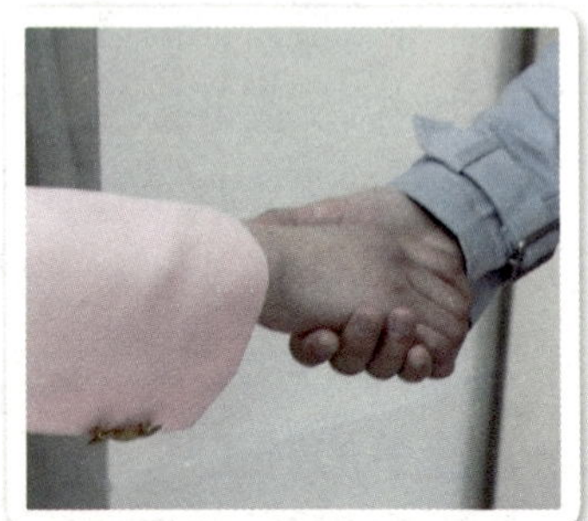

▲ 支配式握手

以上三种手位中，平等式手位是最普通也是最稳妥的一种手位，为多数场合普遍接受和采用。

顺从式手位显示了一个人的谦卑和恭敬，在面对年龄、地位、职务等明显高于自己的对象时，可以采用。

支配式手位显示了较强的支配欲，无声地告诉别人自己此刻处于高人一等的地位，因而在社交场合应尽量避免采用。

（2）站姿和距离：握手者行至距对方一米左右，可以握手。握手时双腿立正，上身略微前倾，以示对对方的尊重。

（3）神态：在与人握手时，神态应专注、热情、友好，面带微笑，目视对方，并配合恰当的语言。

▲ 握手的体态与距离

▲ 握手时的神态

❷ 力度与时间

握手不要太用力，但漫不经心地用指尖“蜻蜓点水”式的握手也是无礼的，应轻重适度，一般时间控制在 2~5 秒内，以 3 秒为最佳。

如果要表示自己的真诚和热烈，也可略微加长时间，但即使是老朋友相会，也不应超过 20 秒。

四、握手的禁忌

正确的握手是一种无声地语言，在社交场合无往不利，但是仅仅知道什么是正确的握手方法，还是不够的。下面让我们了解一下握手的禁忌吧！

人多时握手要遵守次序，不要交叉握手。

不要用左手与他人握手，尤其在阿拉伯地区、信奉伊斯兰教的地区和印度，他们认为左手

▲ 交叉握手

是不洁的。不要戴着手套握手。在某些非常特殊的场合，女士戴着薄纱手套与他人握手是被允许的。握手时左手不要插在裤兜里，不要抖动双腿，不要嚼口香糖或有其他不尊重对方的举动。

不要在握手时拉过来，推过去，或者左右上下晃个不停。

在日内瓦会议期间，一位美国记者先是主动和周恩来握手，周总理出于礼节没有拒绝，但没有想到这个记者刚握完手，忽然大声说："我怎么跟中国的好战者握手呢？真不该！真不该！"然后拿出手帕不停地擦自己刚和周恩来握过的那只手，然后把手帕塞进裤兜。这时很多人在围观，看周恩来如何处理。周恩来略略皱了一下眉头，从自己的口袋里也拿出手帕，随意地在手上扫了几下，然后——走到拐角处，把这块手帕扔进了痰盂。他说："这个手帕再也洗不干净了！"

这个故事在中国外交史上流传颇广，不只是因为周总理面对不利于自己国家的挑衅从容不迫、应对自如，同时也显示了总理良好的个人素养，向大家展示了大国领导人的礼仪风范。

温馨提示

不少女性在与男性握手时仅仅以指尖相触，这种做法曾经风靡一时，因为不少人认为女性就应该矜持一些。但是近些年来，越来越多的人认为只递给对方冰冷的指尖，是不礼貌的行为，所以女士们还是要注意。但同时，男士们要注意在与女士握手时要体现出尊重，不要过于主动，更不要一把抓住女士的手不放。

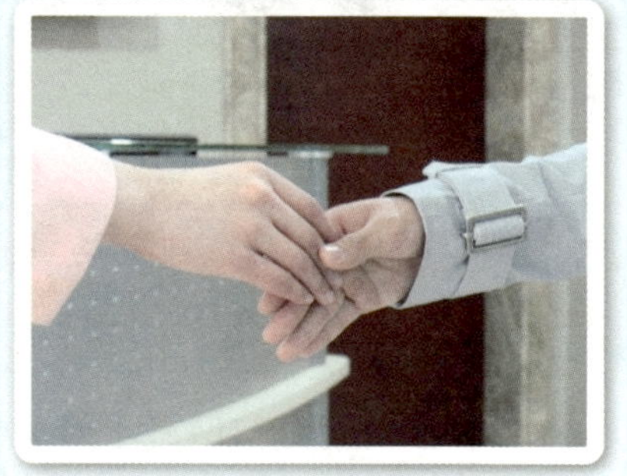

▲ 冰冷的指尖

探索2：介绍的礼仪

朱莉的问题

唉，握手的学问真不少啊，还好，我终于搞清楚了！待会儿我见到沈总，应该主动迎上去，以示欢迎。可是，我还是有点紧张，万一他不记得我了怎么办？我要不要做个自我介绍啊？该怎么介绍呢？

一、自我介绍

在社交场合中，合适的自我介绍有助于给他人留下美好的印象，更可以为自己扩大朋友范围、打开社交圈，同时还可以为自己的公司树立良好的形象。

商务场合尽量先递名片再介绍，自我介绍时要简单明了，一般在 1 分钟之内，内容规范且符合场合的需要。

二、介绍他人

介绍遵循“尊者优先了解情况”原则：

◆ 应先把下级介绍给上级；

◆ 应先把晚辈介绍给长辈；

◆ 应先把男士介绍给女士；

◆ 应先把主人介绍给客人；

◆ 应先把未婚者介绍给已婚者；

◆ 应先把非官方人士介绍给官方人士。

介绍时应该注意的事项：

◆ 介绍时不可单指指人，而应掌心朝上，拇指微微张开，指尖向上；

◆ 避免对某个人特别是女性的过分赞扬；

◆ 坐着时，除职位高者、长辈和女士外，应起身站立，但在会议、宴会进行中不必起立，被介绍人只要微笑点头示意即可。

当被介绍时，应该注意的事项：

◆ 表现出结识对方的热情，起立或欠身致意；

◆ 双目应该注视对方；

◆ 介绍完毕，握手问好。

探索3：名片礼仪

朱莉的问题

刚才 Amy 把印好的名片送来了，呵呵，我人生的第一张名片现在就摆放在我的面前，待会儿见到沈总，我的名片就可以发挥作用啦！不对，我只是替领导接待沈总的，这样的情况下，需要递名片吗？

名片的英文叫作“business card”，即商务卡，其在商务活动中的重要性可见一斑。名片是纸上的“自我介绍”，留给对方可以加深对方对赠送者的印象；也可附赠在鲜花或礼物中，以及在介绍信、邀请函等商务函件中使用。

名片的设计风格十分多样（如下图），有在纸张上做文章的，也有在版面设计上做文章的，但名片上一般都会印上本公司的名称，或者公司的图标（Logo）。

不过近年来也有个别身份特殊的人士，由于在集团内部的地位实在太高，或者名声实在太响，因此只在名片上印上自己的姓名，这毕竟为特例，不建议大家模仿。

▲ 传统而经典的名片

▲ 以形状取胜的名片

▲ 以色彩取胜的名片

▲ 以LOGO取胜的名片

老杨坐地铁上班，中途上来好几个年轻的小伙子，像表演飞扑克牌一样将手里厚厚一沓卡片随意发放，遇到不要的乘客，就往人家身上一扔。老杨连连摇头，自言自语道：“以前都不知道还有人这样发名片的，也不管人家要不要！”一旁的一名大学生模样的女孩子笑道：“这哪是‘名片’啊！这是小广告，只不过做得跟名片一样大小而已！”老杨仔细一看，果然是某航空公司的广告，顿时无语……

“小广告”冒充名片，很是影响城市形象；但是在生活和工作中，如果我们不会选择恰当的时机和方法来递送名片，那么很可能你明明在发名片，别人却以为你在发小广告。千万不要在一群陌生人中到处发放名片，会被误以为是在推销某种商品。对于职场人名片就像第二张“脸”，用得恰当与否，不仅直接关乎脸面，还会影响工作效果。

一、递送时机

参加社交活动之前，首先要把自己的名片准备好，放在易于掏出的口袋或皮包里，不要和其他物品混杂在一起，以免找不到。

递送名片也要讲究时机，要想使递送名片收到最好的效果，要注意几个方面：

出席社交活动，一般在刚见面或告别时发送名片。

被第三方介绍后，一般可递出自己的名片。

除非对方要求，不然不要在长者、领导（尤其是身份地位与己过于悬殊的上级）面前主动出示名片，否则会有推销自己之嫌。

不要在餐桌上发放名片。

出席重要社交活动，一定要记得随身携带名片；如凑巧用完，可用干净的纸张写下个人资料代替，并向对方致歉。

如无特殊情况，在接受对方递送的名片后，应及时递上自己的名片，这是对对方的尊重。如未带，应向对方致歉。

朱莉虽然在公司已有一定的职务，但一来她与沈总在职务上的差异仍比较大，二来她并非因某种原因与沈总正式会面，而仅仅是在王总未来得及赶回公司时代为接待，因此，除非沈总表达出此类意向，否则不宜主动递送名片。

名片上的小细节

1. 大多数名片都印有公司图标，也可能用一些细小图案作装饰，切记图案万万不可过多，否则容易给人杂乱的印象。

2. 不可以在名片上随意涂改，如关键信息发生变化，一定要记得重新印刷名片。

3. 即使你有好几个头衔，也不要印在同一张名片上，会给人以“用心不专”的感觉。如有工作或社交需要，可多印几种名片，以便和不同的对象交换。

4. 不提供私宅电话，讲究隐私保护。

二、递送方法

双手持名片，以两手大拇指和食指分别持握名片的上端两角。名片正面向上，文字正向朝对方。双腿立直，上身前倾，将名片递送至对方跟前，但不宜直接递送至对方面门处。面带微笑，两眼注视对方，并大方说“这是我的名片，请多多关照”等话语。

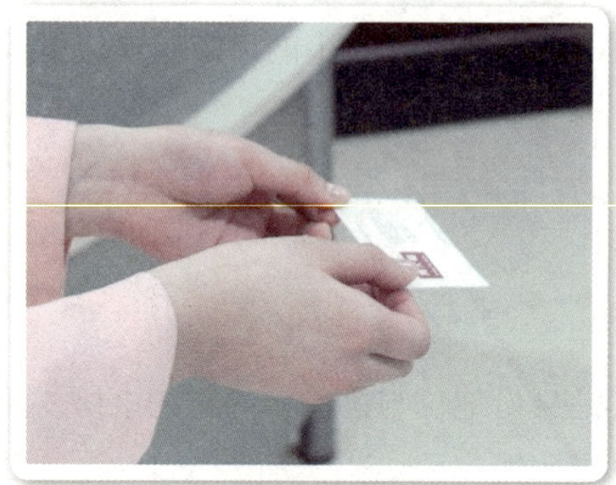

▲ 双手持名片

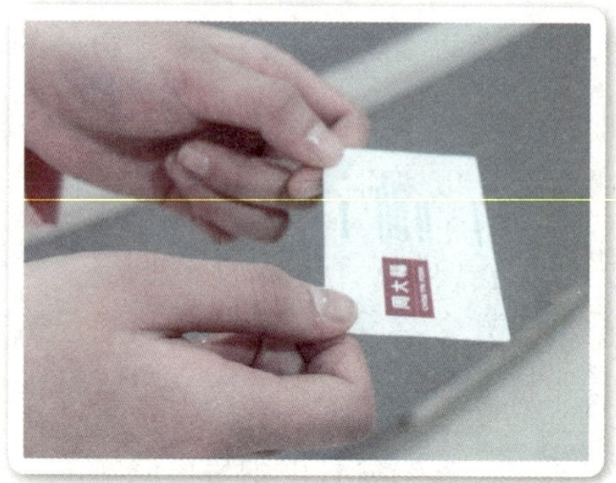

▲ 名片字样正向对方

▲ 递送姿势

▲ 表情与眼神

▲ 错误动作

三、接受方法

站起身，面带微笑注视对方。双手大拇指和食指接住名片下端两角，并说“谢谢”等话语。如初次见面，可将对方名片上的姓名、职位小声读出，并抬头看对方，使对方产生一种满足感。

▲ 起身、微笑

▲ 接收名片

接收对方名片后，如何收藏也是一个关键“细节”。经常出席社交活动的人都会有名片夹或名片包，这也是名片最正规的“归属地”。

但是如果偶尔出席社交活动，或因自己没有名片而不备名片夹，那么可以将名片收藏在上衣口袋里，一般不存放在钱包、裤袋、手提包里，以免显得不尊重对方。

如今，朱莉已晋升为行政主管，社交活动大大增加，因此必须尽快配备名片夹或名片包，并按一定的顺序存放所有名片。同时，还应准备一个名片夹，专门存放自己的名片，并随身携带，以便必要时发放或赠送。

四、索要方法

出席社交活动或商业活动，常常会遇到自己十分想结交的对象，希望得到对方的名片，以便日后联络，那么怎么样才能不着痕迹地向对方索要名片呢？

❶ 礼尚往来型

“欲将取之，必先予之”，主动递上自己的名片，是向他人索要名片的最佳方法。

❷ 含蓄委婉型

如遇某些特殊情况，不适宜先递上自己的名片，也可通过较委婉的语言向对方索要。例如，遇到长辈，可询问对方：“今后如何向您请教？”面对平辈或晚辈，可询问对方：“以后怎样与您联系？”

不论是在什么场合，强索他人名片总是不合适的。如果你已经显示出你的诚意，对方仍无所动，那么就不要再勉强了。

话题小结

握手、介绍、递送名片礼仪是商务礼仪中最常见的，也是必须掌握的三项技能，因为这些不仅体现了你的个人素养，还直接代表了所属企业的形象。

此外，商务场合中实际遇到的情况，比能预设的可能更复杂，例如，握手和介绍时，会出现很多复合型的场景，商务人员要有一定的应变能力，能在不同的情况下迅速、合理地做出应对。

礼仪小舞台

❶ 案例分析：

吴菲（女，32 岁）是某外企销售主管，每天会接待各类客户。一天她应邀参加一个商业聚会，主人刘先生热情地接待了她，并将她带到了三位客人的面前。这三位客人分别是：

X 公司赵总，男，50 岁左右；

赵总夫人，女，40 岁出头；

金女士，40 岁左右，市贸易协会副会长。

请想一想：

1. 刘先生应以什么样的顺序介绍来宾?
2. 吴菲需要主动伸手去握吗?如果需要，应先与谁握手?
3. 吴菲需要主动递送自己的名片吗?如果需要，应先递给谁?

❷ 为朱莉设计一张符合她身份的名片。

❸ 实训练习：准备一段 1 分钟左右的自我介绍，利用活动课时间全班交流。

话题2

接待与拜访

学习目标

1. 掌握接待安排的具体内容，根据案例做好接待策划。
2. 掌握接站的要点。
3. 了解拜访客户的要点。

案例导引

下周公司有一批客户从北京来，要在上海待 5 天，王总要求朱莉安排接、送机和食宿，并且在离开前一天安排他们去一些知名景点走一走。

相关信息：

1. 上海 ×× 国际贸易有限公司坐落于陆家嘴金融贸易区。
2. 客户飞抵浦东国际机场的时间是周二上午 10 点，飞离时间是周六早上 9 点。
3. 客户人数为 7 人，3 男 4 女，均来自同一个公司。

探索1：做好接待策划

朱莉的问题

这次接待的几位客户非常重要，Nancy 姐已经把他们的基本情况、五天内的工作流程、用餐和住宿标准都传给我了，整整 4 页纸，全部都由我负责。我该怎样做才好呢？

商务接待时，如果是本地客户，或者是一位客户，其接待流程比较简单，相对的接待计划也比较简单。但是，外地客户团体，由于涉及到用餐、住宿、用车、观光、接送机等各项事宜，因此拟定一个接待计划，是十分必要的。

一般一份完整的接待计划至少要包括以下几个方面：

❶ 接待规格

在确定接待标准时，应考虑到来访者身份、来访目的和本身的需求。

❷ 接待安排

接待日程安排从接站开始，一直到送别结束，至少需包含时间、地点、事项和参加人员，其中人员包括来宾、己方领导和接待人员。

此外，所做的安排必须报有关领导审批，并待客人到达后告知其具体安排，及时了解他们对日程安排的意见和建议。

❸ 交通工具安排

如客人自备交通工具，己方应做好相关保障工作，例如解决停车问题、安排向导等；如果客人未自备交通工具，则需要尽快为客人安排。一般情况下，最常用的交通工具是车辆，车辆大小和档次根据来访者的人数和规格确定，同时，应尽量保证客人来访期间用车的相对固定。如来访客人需要帮忙预定返程机票、车票或船票，也应确保完成任务。

❹ 生活安排

对于远道而来的客人，所谓“生活安排”，最关键的就是指“食”“宿”两个方面。商务客人要考虑到出行、工作安排，因此对于食宿的要求很高，做接待一定要注意一些要点。

（1）用餐安排。

▲ 商务用餐

▲ 商务住宿

清洁卫生是用餐时的首要条件，虽然在接待商务客人时，一般都会选择有一定规模的饭店用餐，但是不排除客人突然对各类小吃产生兴趣，因此清洁卫生仍然不可忽视。

一般情况下，除酒店供应自助早餐外，应由接待方安排工作午餐，且根据实际需要安排晚餐。如为比较正式的商务接待，一般至少要安排“洗尘”（到达第一天的晚餐）和“饯行”（临别前一天的晚餐）两次正式宴请。

要明确每一餐的用餐人数。事先了解来访者的国籍、民族、宗教、风俗习惯、特殊需求等信息，以制定更人性化的用餐方案。

用餐如需预定，还要考虑是否预先确定菜单。

就餐地点应充分考虑行程安排。如中午的工作餐，应就近安排在参观或会议场所附近，晚餐则考虑安排在来访者住所或活动场所的周边。

不要忘记餐后反馈，这不仅是对来访者的尊重，更可以有效改进之后的用餐安排。

（2）住宿安排。

对于商务客人而言，通常以较高星级的酒店作为住宿地点，因其不仅环境舒适，而且服务周到，可以较好缓解旅途困顿和工作疲劳。住宿安排需要更细致，考虑更周全。

除非来访者有特殊要求，否则所有客人应安排在同一个地点住宿。如果来访人数非常多，由于预定问题无法安排在同一个酒店，也应使所有客人的住宿地点相对集中。

住宿标准根据事先制定的接待标准安排，但是不论选择何种标准的酒店，安全和卫生始终是首要考虑因素。

住宿地点应距离来访者活动地点近一些，这样既可以方便客人，也可以节省往返的时间和费用。

事先预定是比较正确的做法，否则万一所选酒店客满或房间数不够，将是十分尴尬的事情。另外，协助客人入住，也是礼貌的表现。此外，预定时要充分考虑来访者的人数、男女士各自的人数，如有可能，还应预先了解是否某些宾客有特殊习惯，例如必须单独居住等，以便确定房间数量。

住宿房间的分配弹性较大，一般可交给来访者自行分配。

如果来访者有特殊需求，例如语言不通、需要翻译，或者需要租用大型会议场所、寄存贵重物品等，接待方应悉心协助，帮助完成。同样不要忘记接受来访者反馈信息。

小赵是 ×× 模具制造公司的办公室主任，一天，他接待了一批来自日本的客户。客户们参观了生产流水线以后非常满意，初步达成了合作意向。老总让小赵安排晚宴，以预祝合作成功。小赵选择了距离公司 5 公里的一家五星级宾馆，并安排在该酒店最有特色的荷花厅进行用餐。由于市政工程建设，这短短 5 公里路程开车用了 40 分钟，日本客户已经微感不耐烦。进入酒店后，小赵郑重其事地介绍了这个酒店最有名的“荷花厅”，日本客户顿时拉长了脸，最终一顿饭吃得气氛尴尬……

其实，宴请客户时档次固然重要，但是如果是工作之余，那么花费在路程上的时间应该尽量短些，这样可以尽量减轻客户的舟车劳顿。另外，荷花在中国有相当高的地位，是纯洁的象征，但是日本人却是忌讳的。小赵只注重宾馆档次、包间特色，却没有考虑到这些细节，日本客户当然会不乐意。

可见，为了周全起见，在做出相应的日程安排和人员安排前，最好先了解客人的国籍、宗教、特殊需求、礼俗禁忌等，以免引起不必要的麻烦，好心办坏事。

此外，非本地客户往往会对一些知名的旅游或购物景点产生兴趣，接待方需考虑这种可能性，并在工作之余，合理安排娱乐项目。

朱莉所在公司坐落于陆家嘴金融贸易区，此处正好是四星级、五星级涉外酒店聚集处，那么如无特殊情况，北京客户的住宿地点应该安排在附近。

客户人数为 7 人，3 男 4 女，因此需预定 4 间标准间；如果客人有特殊要求，则根据该要求增加或减少房间数量。所有客人均来自同一个公司，那么房间的分配问题可以由他们自行解决。预定天数为 4 天。

王总要求在客人们离开前一天安排他们在知名景点观光，由于住宿地点在陆家嘴，可以安排客人上午在东方明珠、金茂大厦、环球金融中心观看都市景观，下午到中国馆参观，晚上在著名的外滩看夜景，这样的路线既轻松，又有特色。

用餐方面，如果北京客户没有特殊需求，那么中午基本安排工作餐，晚餐根据当天行程，在歇脚点附近预定规格适宜、标准合理的餐厅用餐。

5 接待预算

根据所做的计划给出经费预算，接待提倡节俭，不宜过度铺张。但商务接待标准，还是要充分考虑来访者的身份地位。

除了制定合适的接待计划，还需要接待人员以热情、诚挚的态度去执行。

探索2：接站，重要的第一步

朱莉的问题

接机那天，Nancy 姐要跟随胡副总出差，只好由我跟王总一起开车去接客户。一共两辆 5 人座的轿车，王总、我，再加 7 位客人，人员座位应该怎么安排呢？我要先有个计划。

接站工作是整个接待过程的第一步。在商务交往中，这第一步是否走得好，可能直接影响到后面的工作是否顺利，因此十分关键。

一般的，接站也是要确定规格的，也就是说，接待方应事先了解来访者的身份地位，并派出相应身份的人士前往机场、车站、码头迎接。接站过程中，以下事项缺一不可：

一、掌握确切的抵达时间、站点

例如，如果客户是坐飞机前来，那么航班班次、从何处来、几点到达机场、是否有延误的可能性都是必须事先掌握的信息。

如果是乘坐火车，大城市往往有数个火车站，一定确认好具体抵达的站点。

二、掌握来访人员信息

除了人数以外，对于从未见过的来访者，应当了解所有人的姓名、性别、年龄、职务等信息，并确定其中一人为联系人，以便接不到人时联系。一般我们提议事先制作一块接机牌，上面书写被接待人员的信息，对商务客人，通常使用的接机牌要相对制作精良一些，如果是 VIP 客人，也可以通过机场工作人员安排接机指引。

三、接到客人注意见面礼仪

此时的问候，可能包括称呼、问候、握手、介绍、递送名片等过程。还有可能出现拥抱、双手合十等见面礼节。

在选择称呼使用、见面礼节、决定谁先被介绍、握手谁先伸手的时候，一定要充分考虑到宾主双方的国籍、民族、职务、年龄、性别等问题。

▲ 见面礼之拥抱

王总将亲自前往机场接待北京客户，说明对方的身份地位与王总对等，此时朱莉只是作为一名陪同前往。但是，具体流程的安排、信息的掌握和更新、接机牌的制作和举牌等任务，基本都应有朱莉来完成。见面后，一般可能出现以下几种情况：

（1）王总和朱莉都不认识对方：由朱莉举牌接机，待对方主动询问并确认对方身份后，以最简单的语言表示欢迎，之后先将王总介绍给对方（出于对对方的尊重），随后将主动权交给王总。

（2）王总认识对方，而朱莉不认识：可以不用举牌，王总见到对方后主动上前招呼，朱莉跟随其后，始终保持微笑，并根据具体情况使用简单的礼貌用语，例如“您好”之类。一般情况下，如非王总主动引见，朱莉在没有单独面对客人之前，不主动与客方握手或递送名片。

（3）王总不认识对方，而朱莉认识：可以不用举牌，朱莉见到对方后以热情的态度简短表示欢迎后，先将王总介绍给对方（出于对对方的尊重），再将对方依照职务从高到低的顺序介绍给王总，随后将主动权交给王总。

四、妥善安排坐车

接站现场，还有一些小小的讲究：

首先是请客人入座车内时，不仅要注意引导的手势、语言和表情，还要记住在客人进入车厢前，先为客人打开车门，并用手在车厢上沿遮挡一下（如图）。这个小小的动作，其实也是一种无声的语言，它在告诉客人：请当心，别撞到了！

此外，入座接待人员要注意在客人全部入座后才能入座，千万不能抢先入座，喧宾夺主。

在坐车时，如果车非常大，那么中间偏前的位置应该留给客方和己方主要人士坐，后排为陪同座席。

如果是轿车，或者 7 ~ 9 人位的商务车，那么就座席次就非常有讲究了。

（1）由专职司机或陪同人员驾车（如下图）。一般情况下，图中数字表示来访者中按职务或身份地位进行的排序，“1”为最高者。

▲ 请上（下）车

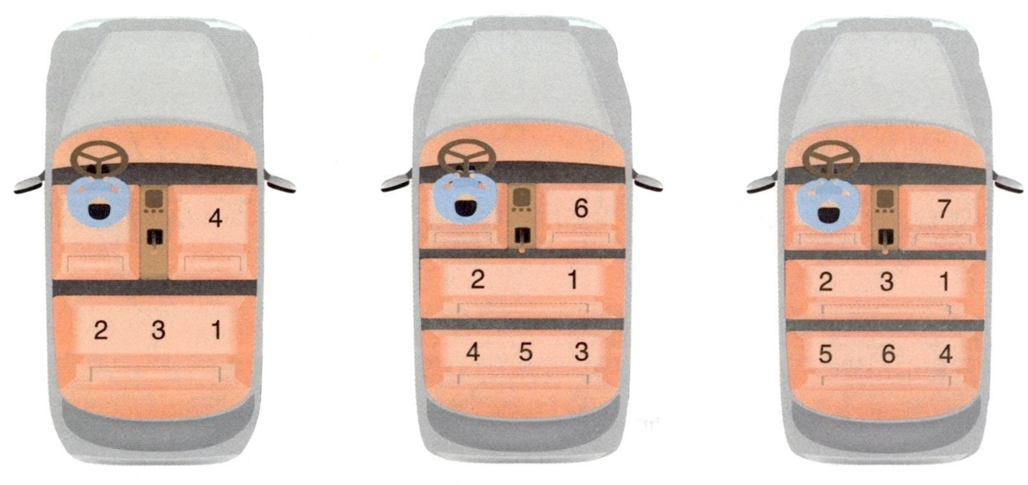

▲ 司机驾车（5 ~ 7人位）座次图

（2）己方领导亲自驾车（如下图）。一般情况下，图中数字表示来访者中按职务或身份地位进行的排序，“1”为最高者。

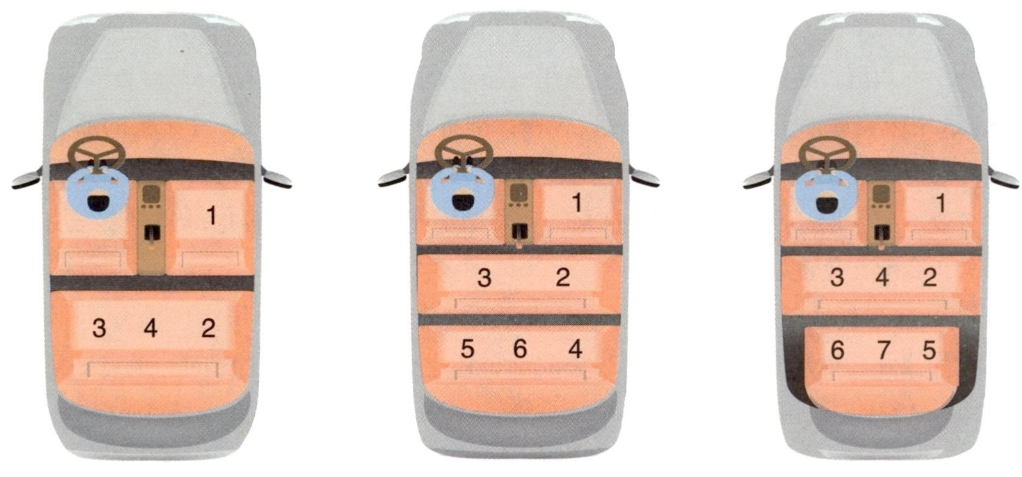

▲ 领导亲自驾车（5 ~ 7人位）座次图

王总与朱莉分别架车前往接站，那么客户中比较重要的客人，应坐在王总亲自驾驶的轿车内。为了让领导们坐得舒适一些，7 人中应只有 3 位坐在此车内。由于己方领导亲自驾车，因此，对方最主要的客人应坐在王总旁边的副驾驶位子，其他人员座次参考“领导亲自驾车座次图”。

朱莉为陪同人员，客户中相对职务较低的人员即剩下 4 人应坐在朱莉车内，具体就座参考“司机驾车座次图”。

“善始善终”是我们做任何事情都应该遵循的原则。“接站”是第一步，那么“送别”就是最后一步。接待人员需要关注客户离开的时间、地点，尤其是在大城市比如上海，拥有两个以上机场、三个以上火车站，千万不要搞错地方。安排好送站的车辆，有礼貌的送别，千万不要“人还没走，茶已先凉”。要记得表达你对对方本次拜访的谢意，以及对再次来访的欢迎。

探索3：拜访客户

张磊的烦恼

明天，我将跟随胡副总和 Nancy 姐去香港拜访客户。其实作为一个最基层的行政文员，这个工作是轮不到我的，但是最近公司里实在太忙了，刚刚晋升为主管的朱莉必须留在公司协助王总接待北京的客户，于是，我人生中的第一次出差机会就降临啦！高兴之余，我也担心很多，这次拜访客户，我要注意些什么啊？

张磊：Nancy 姐，我想问问，我们去香港拜访客户，要去一个星期呢，我从来都没有因公出过差，不知道要注意些什么啊？

Nancy：哦，原来是这个啊，好说！首先，准备几套像样的衣服，除了去的那天和回来的那天穿的可以是便装外，其余都要是正装。上门拜访要成功，需通过良好的个人形象向客户展示企业形象，像穿西服、皮鞋，打领带，发型不能凌乱，让顾客觉得公司很正规，员工注意形象，企业文化良好。

张磊：这个我懂，我们是去工作，不是去玩！尤其是正式的拜访，千万不能穿着便装，不过如果是特殊场合，例如打高尔夫的话，还是要注意“TPO（时间、地点、场合）原则”。对不对啊？

Nancy：对！然后呢，就是要先多多了解香港的风俗习惯，入乡随俗嘛，你什么都不知道的话，怎么“随俗”呢？

张磊：对哦！就是说，要先了解客户所在地的风俗习惯，例如国家、民族、宗教的特点等，或者有没有什么特殊的习惯，这样就不容易引起一些不必要的麻烦，在礼节方面也可以更好地“投其所好”！

Nancy：呵呵，其实你还是很聪明的啊！那我考考你，你觉得我们现在还应该做些什么呢？

张磊：现在？嗯，我看到朱莉在做接待北京客户的计划，我想，我们是不是也应该先让对方知道我们大致的想法啊？不然他们怎么做接待计划呢？

Nancy：对的，我们不仅要让他们知道我们大致的行程安排，还要提前两周预告他们我们何时到达。

张磊：哦，我明白了，这叫预约！在拜访客户之前，要先预约，否则客人毫无准备，既没有礼貌，也可能达不到拜访的效果！

Nancy：的确是这样，没错。如果已经预约，就不要随意失约。假如有特殊情况，那么一定要提前向对方说明情况，并诚恳致歉。如果是本地拜访，不要迟到，也不要过于提前。不要做“难辞之客”。在商务活动结束后，应尽快返回，不要过多耽搁，否则会让对方因要多做接待而内心疲惫，引起不快。最后还要有信心准备——事实证明，拜访客户的心理素质是决定拜访成功与否的重要原因，心态积极真诚，努力放松自己，人见人爱，形象良好也会为自己加分不少呢。

张磊：是啊！调整心态也蛮重要的，我正因为是第一次出差见客户心里打鼓呢！怕到时候自己因为什么事做的不周全，或者什么话说的不对头搞砸了事情，被你这么一说，我还真要多补补这一课，让自己以最好的状态面对客户，真诚待人，无愧于心，不让自己因患得患失而错失良机，反而表现不佳。

Nancy：还有很多细节，口头上是没法说清楚的，我们到了那边，会根据具体的情况进行调整。所以说，做任何事情，既要把握原则，又要能随机应变。

张磊：知道了。谢谢 Nancy 姐！

话题小结

客人远道而来，除了希望工作方面一切顺利外，也希望受到礼遇；主方接待来访的客人，为其提供最优质的接待服务，也是合作成功的有力保障之一。因此，作为主方接待人员，认真做好接待计划，悉心安排好接待的各个环节，对主客双方都是非常重要的。

同样的，当我们角色变化，成为拜访者，也应注意自身礼仪，给前往拜访的客户留下良好的印象，迈好合作第一步。

礼仪小舞台

❶ 案例分析：

韩亚是南京××餐饮连锁集团上海分公司的行政主管，分管公司各类接待业务。一天，她接到通知，由于上海分公司销售业绩突出，集团总部将召集全国各分公司的销售总监（可携一助理或秘书）到上海分公司进行为期三天（两晚）的参观、交流。赵总（上海分公司总经理）请她安排此次接待。

相关信息：

接待人数：11 男 7 女。其中包括集团董事长杨之武先生，携助理 2 名，均为女士。其余均为各地分公司的销售总监及助理。

上海分公司地址：南京西路 1500 号。

住宿标准：800 元 / 人 / 天。

用餐标准：300 元 / 人 / 天。

（1）请为此次接待任务制定接待计划。

（2）请做出简单的用餐安排。

（3）请做出详细的住宿安排。（建议：使用网络地图）

❷ 假设在以上案例中，赵总要亲自驾车（5 人位轿车）前往机场接客人，韩亚陪同前往，请绘出赵总驾车的座次图。

❸ 假设在以上案例中需要一块接机牌，请尝试制作。

话题3 宴会礼仪

学习目标

1. 掌握中餐用餐礼仪，能进行中式商务宴请安排。
2. 了解西餐用餐礼仪，知道中西餐礼仪的差别。
3. 了解招待会的礼仪。

案例导引

王总计划与重要客户徐总就某一项目达成合作意向，要求朱莉于 × 月 × 日 18：00点，在小南国订一个豪华包间，设宴款待徐总。

出席人员如下：

上海 ×× 国际贸易有限公司：王总（男）、胡副总（男）、朱莉、朱莉的下属张磊。徐总所在公司：徐总（男）、徐总的特别助理朱先生、秘书高小姐和苏小姐。

探索1：中餐的用餐礼仪

朱莉的问题

第一次作为行政主管陪同老总出席这么重要的商务宴会，可不同以前有 Nancy 姐照料，更不同朋友聚餐。小南国是典型的中式餐厅，听说徐总来自台湾，对中国传统文化非常有研究，尤其看重他人的行为礼仪，举手投足之间，我该如何承担好自己的角色呢？

宴会一般都要求人讲究礼节，举止得体，不仅是表示尊重对方，更可使宴会气氛和谐、宾客友好，有利于达成目标。因而，我们需要学习相关的礼仪规范。

一、宴会准备

赴会人员一般由主方和客方构成，在赴宴之前，双方的礼仪要求略有不同。

❶ 主方

主方在发出邀请后，应耐心等待客方在相应的期限内给出回应，并与对方确认。主方应派代表提前 20 ~ 30 分钟到场，安排点菜等事项，所有人员均应早于客方到达，以示欢迎和尊重。

❷ 客方

被邀请的客人，在接受邀请后，无论出席与否，都应该尽早给对方以明确的答复，以便主人妥善安排；临时因故无法出席时，应尽早通知对方，并表示歉意和做出必要的解释。

准备赴宴时，切记准时。提前或者延后到达时，前后不宜超过 5 分钟，过早、过迟都会被视为失礼。

朱莉是主方的具体实施者，发出邀请后，应与对方确认是否到场；并且应在宴会开始前 20～30 分钟到达，安排点菜等各项适宜。

二、宴会程序

❶ 迎宾

主人应站在大厅门口迎接客人。

❷ 引导入席

接待人员引导客人入席。

❸ 致欢迎词

欢迎词应言简意赅、热情友好。

❹ 用餐

融洽气氛，掌握进餐速度。

❺ 送别

热情相送，感谢光临。

在宴席上最让人开胃的就是主人的礼节。

——莎士比亚

三、用餐礼仪

用餐时应该注意的几点：

- 用餐文雅，吃的时候应闭嘴细嚼慢咽，不要发出声音；
- 鱼刺、骨头轻轻吐在自己面前的小盘里，不要吐在桌子上；
- 敬酒时，杯口要低于对方杯口，如无特殊人物在场，可按序敬酒，避免厚此薄彼；
- 嘴里有食物时，不与人交谈，剔牙时，请用手掩口；
- 别人给倒水时，要扶着杯子，以示礼貌；
- 给人递水递饭一定是双手；

◆ 递刀具给别人要记得递刀柄那一端；

◆ 宴会未结束，不可随意离宴，要等主人和主宾先离席。

四、餐后礼仪

主人切不可提前离席。一般客人不会在宴会还没结束时提前离席，除非有紧急情况，须向主人诚恳道歉并说明原因。

用餐结束后，应由客人主动向主人握手致谢告辞；主人应起身相送至餐厅门口，并感谢客人的参与。商务宴请中，勿忘提出合作意向，或表示希望合作成功。

在这一过程中，朱莉仍然不是主角。王总送别徐总的过程中，胡副总与客方的朱先生地位相当，要相互道别，而朱莉、小张与对方的两位秘书均属于随行人员，此时应随行其后，或根据实际情况，完成一些辅助工作。例如帮助贵宾和上司领取衣帽间衣物，帮忙打出租车等。当然，适时的道别与感谢还是必需的，切不能过于低调，充当“哑巴”角色，使对方觉得没有礼貌。

加油站

宴会是为了表示欢迎、答谢、祝贺等而举行的一种隆重的、正式的餐饮活动。

我国有文字记载的最早的聚餐形式开始于殷商。当时的形式仅仅围坐于餐器旁，并不像电视剧《封神榜》中出现的那样豪华。此后的 2000 多年里，聚餐的形式逐渐改变，“桌子”的形式从席子演变为条案，再到清朝的小圆桌，最终在民国初年演变为大圆桌，同时有了新的名称“宴会”；而到现代，更是开始注重桌面布置。

▲ 清朝用小圆桌

▲ 现代常见大圆桌

宴会的划分标准多种多样。同一个宴会，在不同标准的划分下，可以有多个类别，如下表所示：

划分标准	具体类别
宴会的消费标准	高档宴会、中档宴会、一般宴会
宴会的规格	国宴、正式宴会、普通宴会、家宴
宴会时间	午宴、晚宴
宴会进餐形式	坐式宴会、立式宴会、坐立交替式宴会
宴请目的	庆祝宴会、欢迎宴会、欢送宴会、答谢宴会、祝寿宴会、婚嫁宴会、团聚宴会等
宴会的餐别	中餐宴会、西餐宴会
宗教饮食习俗	苏轼宴、清真宴
宴会享用的主要菜品	特色菜招牌菜，如全羊宴、鱼宴

王总因一定的商务目的隆重而正式地款待徐总，虽然规模较小，但仍属于宴会。从规格上看，可以属于一般宴会；从消费标准上看，应该属于中高档宴会；同时，属于以商务洽谈为目的的、坐式的中餐晚宴（宗教习俗和主要菜品在案例中未明显提及）。

探索2：中餐宴会安排

朱莉的问题

我已经明确我在这次商务宴请中的角色和注意的要点了。可是，还有一个大难题：王总交给我一份出席名单，说这是我第一次负责安排这样重要的商务宴请，所以要考考我会不会排定座次，还说以后公司的大型宴请活动以及聚会也是由我负责。哎，责任重大啊！可是，这些座次和桌次的安排，有什么讲究呢？

中餐宴会一般使用圆桌，如果是普通规格的宴会，1.8 米直径的圆桌一般可坐 10 人，直径每增加 20 厘米，人数可增加 2 人。

如果是规格和消费层次都较高的宴会，可能考虑每人每份制上菜，因此需要的空间较大，一般 1.8 米直径的圆桌可坐 8 人。

一、座次安排

单桌宴会一般将主人位安排在正对门的位置，正面对门，便于客人在进门第一时间看到主人。排其他座次要兼顾宾主双方的身份、地位、年龄、性别等因素。

座次排定需贯彻“以右为尊”的原则，尽量做到宾主间隔而坐，便于主人照顾客人。

如果餐厅内设有明显的背景（例如寿宴中的“寿”字背景或松鹤图、产品发布会的主舞台等），则应将主人位设置在背景下。

王总宴请徐总，因此王总方为主方，徐总方为客方。根据出席人员在各自企业中的职务，王总、胡副总、朱莉、张磊依次排定为主 1 、主 2 、主 3 、主 4；徐总、助理朱先生、高小姐、苏小姐依次排定为客 1 、客 2 、客 3 、客 4。

如包间 / 餐厅内设有醒目背景装饰，参照下图。

▲ 包间/餐厅内无背景装饰

▲ 包间/餐厅内有醒目背景装饰

二、桌次安排

常见安排有下面几种，其中红色为主桌：

▲ 两桌宴会（横向）

▲ 两桌宴会（纵向）

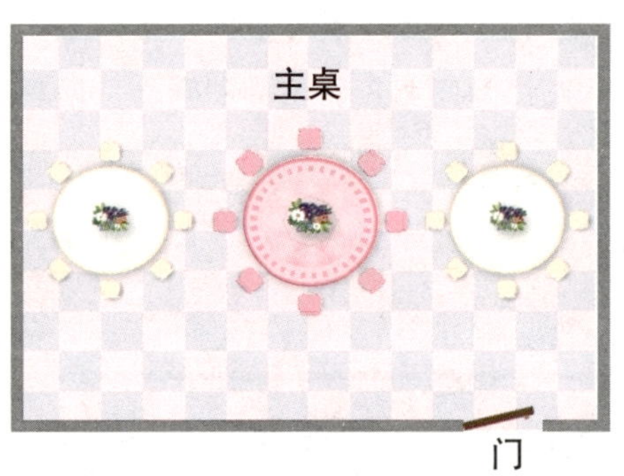

▲ 三桌宴会（横向）

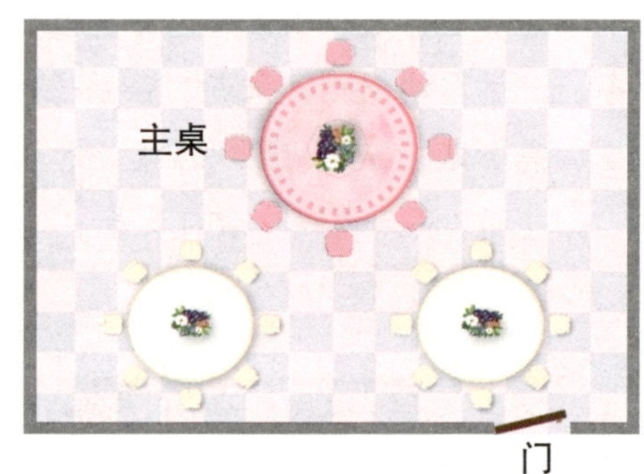

▲ 三桌宴会（品字形）

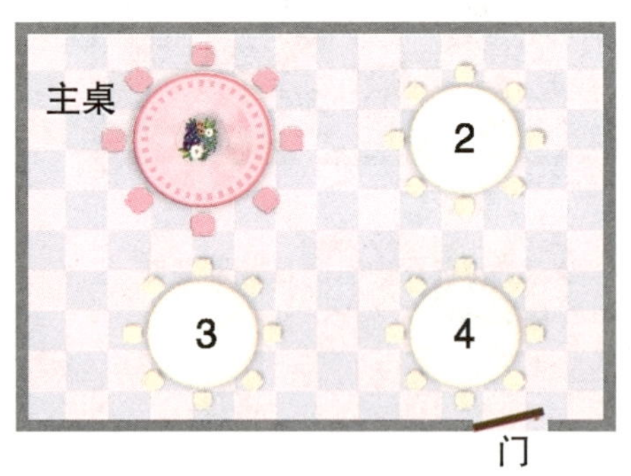

▲ 四桌宴会（方形）

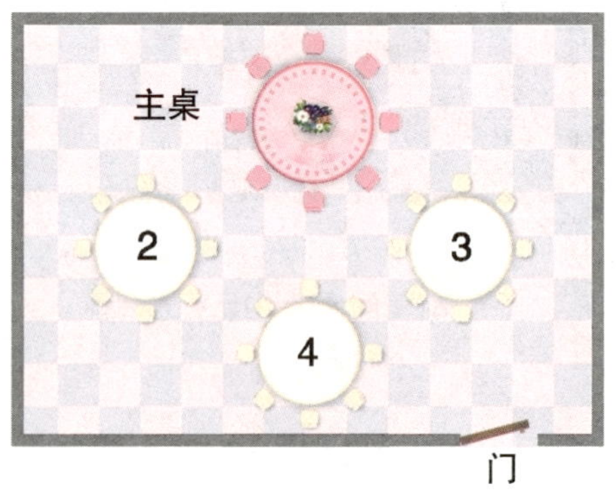

▲ 四桌宴会（菱形）

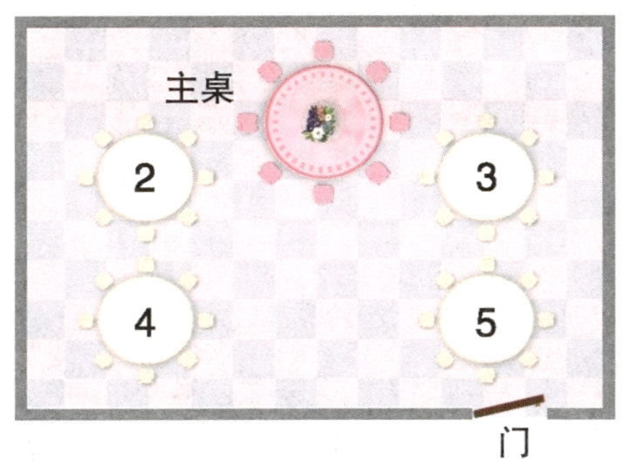

▲ 五桌宴会（主桌在前）

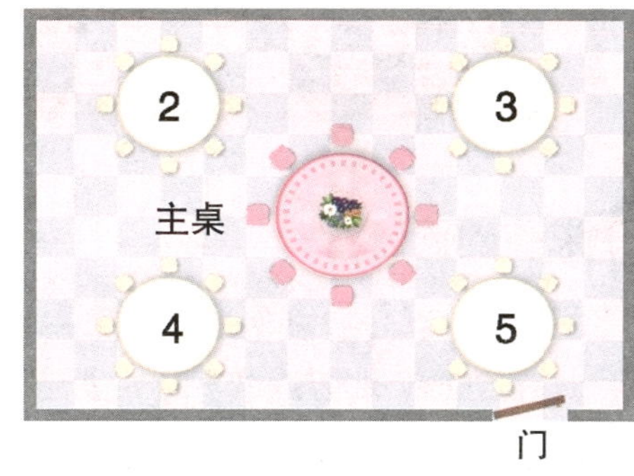

▲ 五桌宴会（主桌在中间）

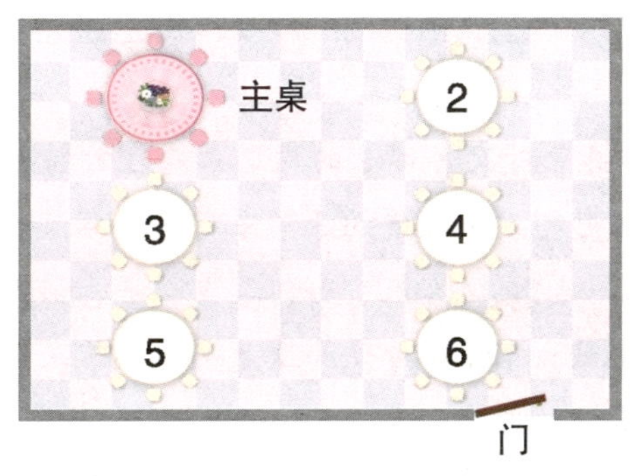

▲ 六桌宴会（长方形）

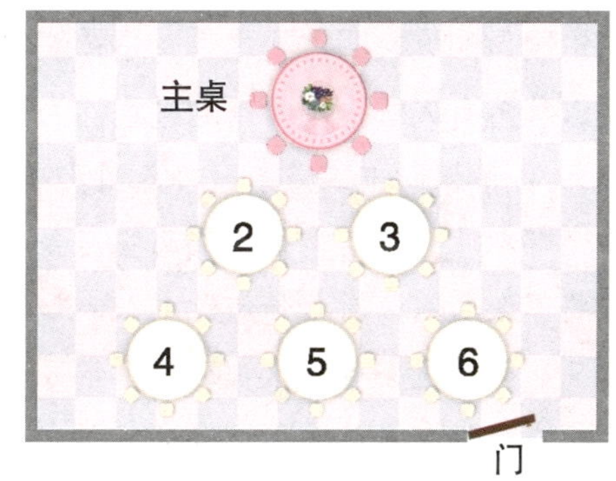

▲ 六桌宴会（金字塔形）

一般餐厅服务人员会按常规要求排出桌形图，但是接待人员可以根据实际情况要求调整，或对主桌的装饰提出特殊要求，并排上桌次，以便于客人识别。

在排定桌次的时候，一定要注意：越重要的客人离主桌越近。

桌次排定后，每一桌的座次安排同单桌宴会，同时，其他桌的主人位方向应尽量与主桌保持一致。

温馨提示

1. 会订餐前要了解客户和上司的饮食习惯和禁忌，恰当选菜。

2. 如果是规格非常高的宴会，在主桌上还要放上制作精良的席位卡，以体现档次。

3. 如果桌数很多，一定要记得在入口处摆放桌次示意图，尽量提前告知重要客人所在桌次。

探索3：西餐宴会安排

朱莉的问题

参加一次这样的商务宴会，我真是获益匪浅！可上午遇到我的前辈、现已升任总经理特助的 Nancy 姐说，中餐的餐桌礼仪其实还是很简单的，西餐才真叫“礼仪”呢！下周王总将为美国总公司的代表接风，她会建议王总带我一起去见见世面。我打心眼里感激 Nancy 姐的提携，可是，西餐，我除了知道“左叉右刀”，其他一窍不通啊！怎么办?

中国是四大文明古国之一，是礼仪之邦，但是在餐桌上，西餐的礼仪要求可是远远多于中餐，甚至有人曾把用西餐的过程称为“酷刑”。

1950 年，新中国首批驻外人员即将出国赴任，身兼外交部部长的周恩来总理就特别指示外交部在北京饭店举行一次西餐宴会演习，由将派赴印度任大使的原华东野战军参谋长袁仲贤将军做主人。对于如何做主人、如何做个来宾、如何接送客人、如何尊重女士、如何使用刀叉、如何进餐等礼仪都进行了学习。周总理还告诫大家，不要认为这是一些小节而漫不经心，应当讲究自己的举止风度，树立起新中国外交官的应有形象。

周总理在 20 世纪 50 年代已经有这样的意识，那么，作为一名现代社会人，更加应该学习西餐礼仪，方便以后的商务活动。

一、餐桌礼仪

❶ 入座与坐姿

入座时，男宾主动帮助其右边的女士拉动椅子，待女宾入席后，再帮她将椅子稍往前推，使其身体离桌边半尺左右为宜。男宾在女宾坐下后，方可入座。

进餐时，身体要坐正，男士女士均不靠椅背。女士应坐椅面 1/2 左右，挺拔但不僵硬。

▲ 西餐用餐男士坐姿

▲ 西餐用餐女士坐姿

进餐过程中，身体可略向前倾，但是不要把头伸向盘子，更不要用嘴凑近盘边去吃东西，也不要把盘、碟端起来吃，而是应用叉或勺取少量食物送入口中，细嚼慢咽。

❷ 刀、叉的用法

正确的持刀叉的方法是：两臂不靠桌面，左叉右刀，叉用来固定食物，刀用来切割食物（如下图）。切割肉排等块状食物时，要注意切口始终向内。切食物时不得发出声响，不得将刀叉举起挥舞。

▲ 正确持刀叉图

▲ 粗俗用刀叉图

西餐正确的吃法一般有两种，英式吃法是切一块吃一口；美式吃法是先切好，然后右手拿叉，一块一块吃。取食时刀口向外，不要用刀送食物入口。不能将食物挑起吃，谈话时放下刀叉。如遇骨头之类的，不可直接吐到盘子里，而应用叉接住放到盘沿上。

西餐讲究安静、高雅，因而在用餐过程中不可大声招呼服务员，必要时可采用一些约定俗成的方法，向服务员传递信息。例如，暂停用餐时刀叉应八字分开放在盘子上，用餐完毕，将刀叉并拢一起放在盘子里。

▲ 暂停用餐

▲ 用餐完毕

❸ 勺的用法

西餐中，汤勺的外侧先接触汤（如下图），这是为了使汤勺接触汤的那一侧不入口。

虽然西餐是每人每份制的，汤勺触口处是否直接浸到汤里并不影响卫生，但是严谨的西餐餐桌礼仪还是有此规定。而且，不论汤勺大小，绝对不可以将整把汤勺塞入口中！

吃面条的方法是：右手持叉，叉住一小撮面条；左手持勺，抵住叉的底端，然后右手微微转动叉，将面条卷在叉上，送入口中。

▲ 盛汤

▲ 吃面条

❹ 面包的吃法

用手取面包，用黄油刀取黄油；每次掰一小片面包，吃一块涂一块。面包是西餐餐桌上唯一可用手拿取的食物。

❺ 咖啡匙和茶匙的用法

喝茶和咖啡时不得将用来搅拌的小匙放在杯中，而应放在碟上。搅拌后匙上残留的液体，不可用力甩去，以免溅到他人，更不可放在口中舔净，而应在杯子上方静置 1 ~ 2 秒，令液体滴入杯中，然后将茶匙放在碟中。

❻ 其他就餐礼仪

（1）客人赴宴时要准备小礼物，以示对主人的尊重。礼物不必贵重，注重美观、实用即可。

（2）宴会中如有女主人，则女主人坐主位。

（3）西餐中，餐巾铺在两腿上，中餐餐巾则呈菱形状垫在骨盆下面。

（4）喝水前应将嘴里的食物先咽下，水直接咽下，不可含在嘴里。

（5）西餐席间接打电话是极不礼貌的行为，如有要事必须接打电话或者短暂离席，一定要与主人及其他客人诚恳道歉，取得谅解。

西餐上菜顺序与中餐不同。

传统中餐的顺序为“冷菜 — 热菜 — 汤 — 点心 — 水果”（粤菜汤在热菜前），而且不论是否分食制，通常全桌人吃相同的菜肴，也只点一次菜。

西餐的顺序为“冷盘 — 汤 — 副菜 — 主菜 — 甜点 — 茶或咖啡”，且一般情况下（大型宴会除外），所有客人可根据自己的需求点不同的菜肴，并且点菜顺序也应按照这一顺序。

中餐用酒可以根据客人喜好或者季节安排，例如夏季啤酒居多，冬季黄酒为佳，节庆用红酒、香槟；而北方人由于地理因素一般饮用烈性酒居多，不太喜欢啤酒。

西餐中各道菜配不同品种的酒，尤其主张红酒配红肉（牛羊猪肉等）、白酒配白肉（鱼类海鲜等）。

西餐宴会对于男士和女士的礼仪要求都非常高，男士都会体现“绅士风度”，时时以女士为先，这是基本礼仪。朱莉第一次参加西餐宴会，就遇上那么正式的场合、那么重要的人物，不事先补补这些注意事项，还真不行呢！

加油站

西餐餐具

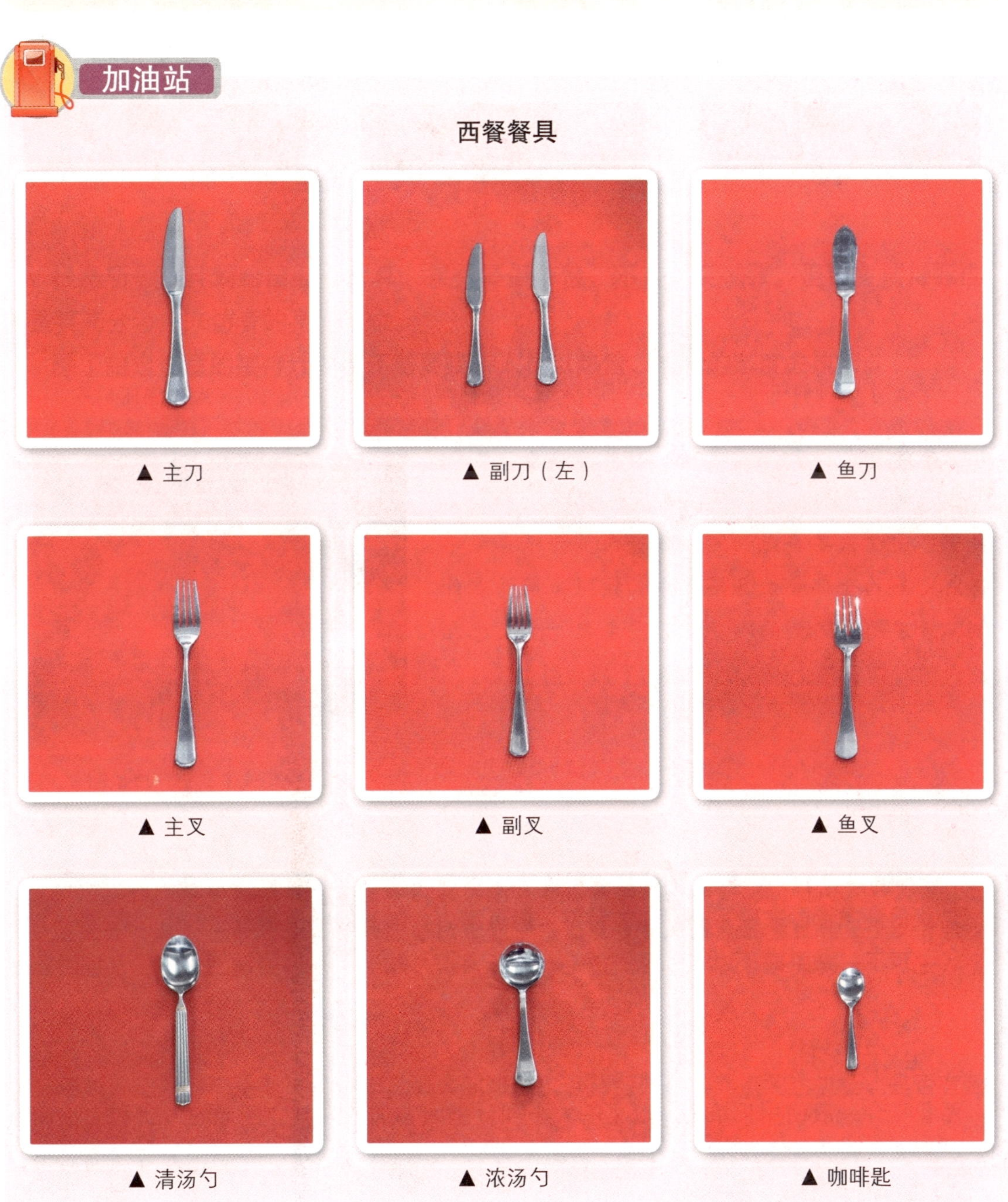

▲ 主刀　▲ 副刀（左）　▲ 鱼刀

▲ 主叉　▲ 副叉　▲ 鱼叉

▲ 清汤勺　▲ 浓汤勺　▲ 咖啡匙

▲ 点心勺

▲ 点心叉

▲ 黄油刀

▲ 水杯/饮料杯

▲ 红酒杯

▲ 白酒杯

在西餐中，餐具跟随相应的菜肴上桌，例如上主菜时，主刀主叉随着主菜一起上桌。西餐宴会中，由于菜单事先确定，服务人员会根据菜单将所需要的全部餐饮具摆上桌，按照先用的在外侧、后用的在内侧的顺序摆放，主刀、主叉总在最内侧，分列餐盘的右侧和左侧（如右图）。

▲ 西餐宴会桌面物件摆放图

在用西餐过程中，如果用错餐具，或者不会使用某些餐具，也是很尴尬的。所以，朱莉不仅要了解西餐餐桌礼仪，更要认识所有常用餐、饮具，并且学会正确、熟练地使用，否则可是要闹笑话的！

二、座次安排

西餐宴会一般使用长条桌，餐桌的大小和台型因参加的人数、场地的形状和大小而不同。一般的，西餐宴会选用“一字型”长台比较多，在座次安排上，正副主人可横向对坐，也可纵向对坐，其他客人基本参照“以后为尊”的原则，按序入座。

此外，由于西餐宴会所使用的长条台可以拼搭出较多造型，因此其桌次安排较之中餐有较大差异，除人数极多时需要像中餐宴会那样排列多个“一字型”桌外，一般情况下可使用下列桌型来容纳多人：

▲ T字形

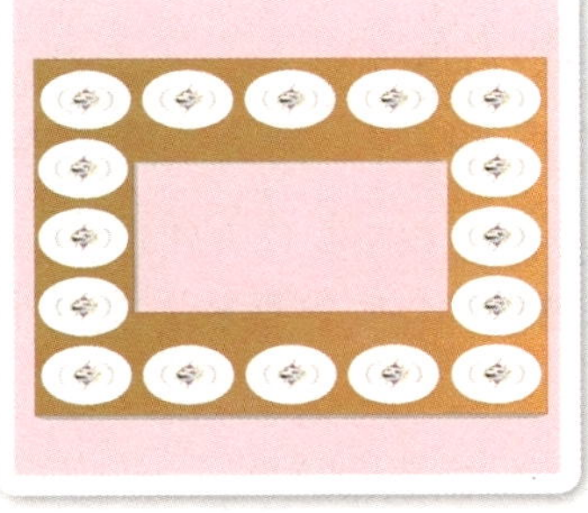
▲ 口字形

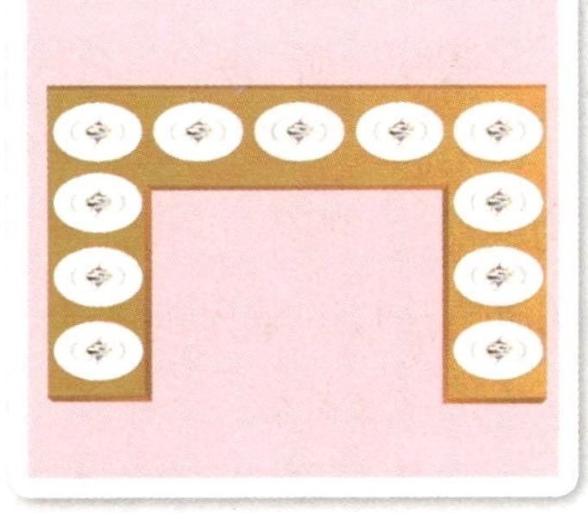
▲ U字形

探索4：招待会礼仪

张磊的烦恼

公司里这几天特别忙，王总刚送走美国总公司的代表，又着手忙和徐总签约的事情。为庆祝顺利签约，同时预祝合作成功，签约仪式之后需要安排一个酒会，我们部门负责与酒店协调一切事宜。Nancy 姐要我们每个人打起十二分的精神。我从没有参加过酒会，记得上个月朱莉跟随 Nancy 姐参加了一个酒会，就去问问她吧！

张磊：Julie，明天的那个酒会安排得怎么样？还有什么需要我做的吗？

朱莉：暂时没有了。酒店方面都基本到位了，宾客名单、礼物也都准备好了，就等 Nancy 姐验收了。

张磊：嗯，那就好。对了，我想问问你，什么叫酒会啊？是不是就是电视上大家开瓶香槟，然后 Cheers 的那种？

朱莉：呵呵，差不多啦！酒会其实就是我们平时所说的鸡尾酒会，以酒水为主，略备小吃。它跟立式冷餐会一样，一般不设座椅，仅仅设几张桌子供宾客摆放酒具，宾客可以自由走动。

张磊：冷餐会？那又是什么？

朱莉：冷餐会与酒会都属于“招待会”，但有几点区别：第一，冷餐会可坐可立，也可坐立结合，并且可以当作正餐。但酒会一般以立式为主，是在庆典活动、文艺体育演出前后举行，因为其形式轻松、活泼，便于客人之间广泛接触和交流，时间也比较灵活，所以得到

很多人的喜爱。目前国际上举办大型活动往往采用酒会形式。第二，冷餐会以冷菜为主，也有一些热菜、水果，酒水为辅，菜肴、水果和酒水都会摆放在事先搭好的桌子上。一般情况下小吃只包括三明治、面包、小香肠、少量水果。如果是中式的，还可能会有炸春卷等；如果是西式的，可能会有一些曲奇、蛋糕之类的点心。酒水和小吃一般都有服务员用托盘递送，即使摆放在桌子上，也比较少量。

张磊：听起来蛮有意思的，我很期待啊！

朱莉：其实你要知道的还不止这些呢！酒会虽然形式轻松，但第二天的酒会是庆祝签约成功的，比较正式，着装要注意配合氛围；在贵宾发言、祝酒时不能随意说话和走动。另外，用过的酒杯和餐盆，可以放在专供宾客摆放餐具的小桌上，也可由服务员带回厨房，但不能随便乱放。

张磊：我一定会注意的，谢谢你提醒我这些。

朱莉：最后还要注意，如果是餐前酒会或短而隆重的酒会，其持续时间较短，一般不超过半个小时，比较容易保持良好的精神状态；如果遇到比较自由的酒会或立式的冷餐会，持续 1.5 到 2 个小时，须长时间站立，一定要提前做好准备，攒足精神，千万不要最后撑不住，靠在墙上、桌边，更不可以蹲下，显得不礼貌。

张磊：我明白了，谢谢！

加油站

在西方的大多数国家，除了自助早餐外，自助餐就是冷餐会，因为西式的自助餐大多以冷菜为主。但是在中国，自助餐的重点仅在于“自助”，对于“餐”字，我们赋予其更多的意义：不仅是自助午餐、晚餐的餐台上出现了各种热菜，自助早餐还出现了白粥、馄饨、饺子、炒面、豆浆、包子等具有地方特色的食物；而独具特色的“自助火锅”，更是为“自助餐”烙上了深深的中国印记。

话题小结

用餐这一形式，自古至今，不论中外，都是商业活动中常用的社交手段。餐桌礼仪，代表一个民族的文明素养和礼仪风范，商务交往中注意用餐礼仪有利于给客户留下良好印象，提升公司形象，气氛融洽，相谈甚欢，易于达成合作意向。

不论是个人，还是企业员工，养成良好的餐桌礼仪习惯，知晓餐会座次安排，都是非常重要的。

餐桌礼仪不仅要考虑餐会的性质和档次，还要最大程度去尊重对方的习俗（不论是客方还是主方）。此外需要注意的一点是不能过度讲究礼仪，氛围要以轻松融洽为宜。

礼仪小舞台

❶ 案例分析：

Sandy（××广告创意公司销售部经理）和Ham（同一公司创意部主管）一回到公司，便受到了全公司的夹道欢迎，原因是他们拿下了天皇巨星Andy在内地“绚丽之夜——12城巡回演唱会”的独家宣传代理权。这一代理权是公司创建以来最大的一笔生意，可以为整个公司带来10万美元的利润，也许还能推开公司与演艺界合作的大门。总经理Lindy Chen十分感激这两位得力助手，因而在“俏江南”设宴款待他们。共同出席的还有：公司技术部主管Tony，负责本次创意文案设计的Joyce，还有公司副总Jasmtne。

请为此次小型宴会排定座次。（提示：你能根据英文名字判断性别吗？）

❷ 利用活动课时间，识记所有常用西餐餐具。

❸ 学习用餐刀、餐叉切牛排（或鸡排、猪排、鱼排）；学习用餐叉、汤勺吃面条。

话题4 商务会议全面通

学习目标

1. 掌握商务会议常见的桌型安排，能进行综合模拟演练。
2. 掌握会场布置的细节，能进行模拟会场安排。
3. 了解会前会后的衍生工作。

案例导引

朱莉升任行政主管以来，凭借超强的学习能力和主动踏实的工作作风，不仅获得了王总的认可，总经理助理 Nancy 也对朱莉信赖有加，开始放手让朱莉独立处理更多工作。这不，美国总公司代表巡视公司后非常满意，将北欧市场交给了王总。下周有一个丹麦的贸易公司要来洽谈有关工作事项，王总要求朱莉全程负责与这次洽谈有关的接待工作和场地布置，这可是“成败在此一举”的关键时刻啊！

探索1：桌型与座次安排

朱莉的问题

听说这次洽谈如果成功，可以为公司带来每年至少 200 万欧元的收益，我负责这次的后勤工作，可真的要加把劲呢！现在有关接待客户的事宜，我已经了如指掌了。不过，商务洽谈我倒还没有接触过，除了气势比一般会议强大一点，不知道还有什么特别之处？

商务洽谈，是指在商务交往中，存在着某种关系的有关各方，为了一定的目的进行面对面的讨论协商，以求达成某种程度上的妥协和一致。目的包括保持接触、进行合作、达成交易、拟定协议、签署合同、要求索赔、处理争端、消除分歧等。

商务洽谈的人数不会很多，一般在 6 ~ 12 人，与会双方人数对等，且职务、地位相当。

一、常见安排

由于商务洽谈的形式比较类似于“谈判”，因此一般洽谈会都采用谈判式的长条桌，双方人员相对而坐。

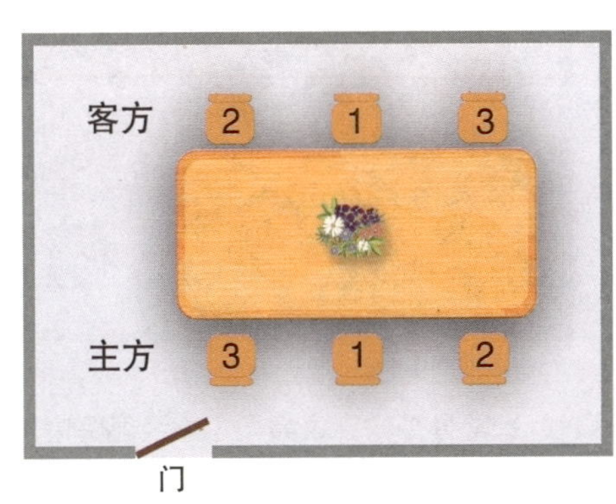

▲ 会议桌横向对门的洽谈桌型

▲ 会议桌纵向对门的洽谈桌型

一般在洽谈时，较多选用长方桌。商务洽谈一般可在某一方的公司会议室进行，如果另行租赁场地，同时前往的可能性也较大，因此，将上座（面门的座位）留给客人，以示尊重。

座次安排时，客 1 和主 1 居中，其余人遵循以右为尊的原则。

当会议桌纵向对门摆放时，仍可以参照“以右为尊”的原则，将客人位设置在进门后的右侧，主方则在左侧。座次安排同会议桌横向对门摆放。

朱莉是公司的行政主管，从工作性质上看，应该不需要列席本次洽谈，只需要负责本次洽谈准备工作。她的首要任务是了解与会人数，然后布置会议室，设计相应的桌型。值得注意的是，不要把代表团的总人数和参与洽谈的客方总人数混为一谈，未必所有的来访者都参与洽谈。此外，经常参与商务洽谈的人员，一般都熟悉整个流程，知道自己应该如何入座，但是如果人数较多且规格很高，还是建议朱莉设置席位卡，这样既显示出主方的重视，又能使入座井然有序。

二、其他安排

除了商务洽谈，其他常见的商务会议还有工作会议和座谈会，在某些大型集团内部，也可能出现报告大会、表彰大会等。由于性质不同，这些会议大都有不同的会议桌型。如果负责会场布置的人员对此不了解，布置的气氛过于祥和，阵营不分明，很可能会影响谈判效果。

❶ 工作会议

工作会议一般指内部会议，是每一个商业企业最常见的会议。与事业单位不同，商业企业很少召开全体大会，而是有比较明确的层级观念，任务的下达、信息的上传一般都不越级。因此，企业内部的工作会议规模不会太大，参与人数一般不超过 30 人。

工作会议最常见的桌型是长方桌或椭圆形桌。以公司的上层会议为例，假如总经理召集各部门经理开会，那么总经理应坐在会议桌较短的一侧（对面一般不坐人），两侧人员如无明显职务高低，则可在第一次会议时随意入座，之后相对固定；如存在较明显职务差异，则职务越高，离总经理越近。

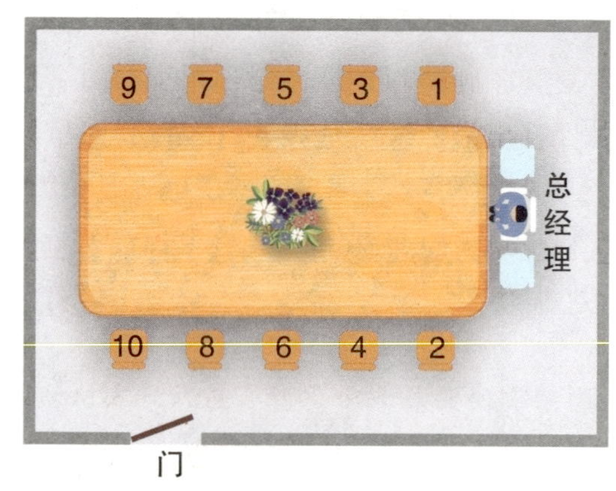

▲ 常见工作会议桌型（总经理两边是助理）

总经理左右手边的人员，不一定代表助理或秘书的职务、地位高于其他与会者，而是为了记录或传递文件的需要。

❷ 座谈会议

何先生被委派为A公司在上海分公司的总经理，初来乍到，他非常想听听员工们对公司和管理机制的看法，于是他随机在各个部门抽取一些员工，召开座谈会，想深入了解各自的情况。座谈会如期召开了，何总坐在高高的主席台上，亲切地请底下员工各抒己见。然而，所有的员工都端端正正坐在底下，没有一个人敢发言。他非常苦恼，却又不知如何是好……

不论是在哪一个层面召开的座谈会，都有一个特点：气氛融洽，地位平等。因此，桌型和座次的安排也就比较随意。案例中的何总虽然出发点非常好，而且态度十分亲切，但是他坐在主席台上，其他与会者坐在底下，这十分类似于在教室里教师给学生上课的场面——何总高高在上，其他人怎么敢发表自己的意见呢？

因此，一般的座谈会，会议桌应以椭圆形、方形、回字形、环形为主，偶尔也可能有正六边形、正八边形等。这些桌型首尾相连，不容易产生等级观念，有助于大家畅所欲言，达到座谈的目的。

同时，座谈会的座次为自由式，即自由入座，也不设主席位或主持人位，进一步拉近邀请方与被邀请方之间的心理距离。

▲ 方形桌

▲ 椭圆形桌

▲ 回字形座谈会桌

▲ 环形座谈会桌

③ 其他会议

集团的大型会议，例如报告大会、表彰大会等，特点是与会人数较多，因此会场一般采用剧场式，除极少数领奖者、发言者以外，其他人员不设定座位，随意入座。此外，领导、嘉宾入座主席台。主席台座次安排同样遵循“以右为尊”的原则。

部分此类会议可能还设演讲台，供主持、嘉宾发言使用。

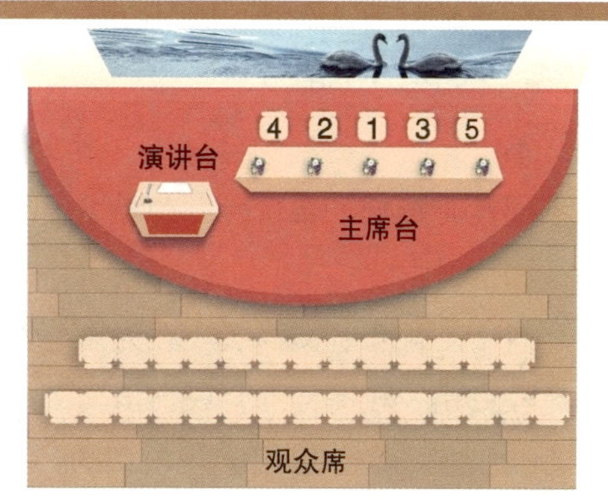

▲ 主席台座次、演讲台

商务洽谈与其他商务会议的区别

1　商务洽谈绝大多数是外部会议，至少两个企业参与；而其他的商务会议则大多数是内部会议，即使不是本企业内部，也应该是集团内部、行业内部。

2　商务洽谈阵营明确，代表双方各据一边，楚河汉界分明；而其他商务会议则对座次没有太高的要求。

3　商务洽谈虽然本着“双赢”的原则，但实际上还是各自追逐己方利益；其他商务会议由于大多数为内部会议，即使意见有分歧，多数也是为了同一个企业的利益，只是工作方法或见解不同。

以朱莉目前的工种和职位来看，她最有可能直接参与的是工作会议（公司中层）、座谈会；最有可能直接负责准备工作的是商务洽谈，对于表彰大会、报告大会等，接触的机会较少。

探索2：会议室内小细节

朱莉的问题

昨天列了个有关洽谈当天所需物品的清单，东西真多，我都不知道该如何布置。还有，刚才 Ray 来跟我说，会议室的投影仪坏了，得赶紧报修，王总那天要用的！慢着！那我是不是还应该检查一下会议室内的传真机、复印机、打印机？

对于一个会议来说，会议室、会议桌和座次安排是第一道任务，那么第二道任务便是考虑会议桌的桌面布置和其他设施设备的配备。

一、桌面布置

不管是哪种类型的会议，一般文稿纸（或文件）和笔还有茶水是必备的，但是由于会议的不同性质影响了布置所需的相关物品的规格和消费标准。下面让我们来看几种常见的物品的适用情况吧。

（1）文稿纸：文稿纸一般为 A4 规格，比较适用于需要讨论的会议，记录、演算、画图都比较方便。较高档的会议会随文稿纸附赠文件夹。

（2）练习本：适用于较长期的（指整个会议可能持续多日）、需要作大量记录的会议，最为典型的是培训会。

（3）水笔：一般与练习本匹配。

（4）铅笔：因为铅笔所写内容比较容易修正，因此同样适用于讨论会，且多为尾部带橡皮的铅笔，一般与文稿纸匹配。部分行业的会议（例如建筑、广告设计）会根据需要发放红蓝两头的铅笔。

（5）茶水：适用于任何季节，冬季热茶暖人心，夏季热茶生津止渴，在国内会议上较多配备。茶水与传统的有盖瓷杯（如图）相匹配，如果会场只有花瓷杯，应确保同一场会议所使用的瓷杯花纹相同。

▲ 水杯

▲ 白瓷杯、花瓷杯

▲ 竹制、瓷质毛巾碟

（6）矿泉水：一般适用于夏季普通规格的会议。如果规格较高，应同时配备水杯，毕竟直接对着瓶口喝水不怎么礼貌。此外，部分高档会议会同时配备水杯、矿泉水和热茶水。

（7）毛巾碟：高档会议较多采用，同热茶的原理一样，不论什么季节，均应采用热毛巾。部分高档酒店和会议中心，还会在毛巾中滴入微量香水，量不多，清新淡雅。

此外，桌面物件还可能包括水果碟、湿纸巾、水果叉等物件，但是每位与会者桌面空间有限，因此要合理摆放这些物品。这里提供给大家几种常见的会议桌桌面布置：

▲ 普通会议的桌面布置

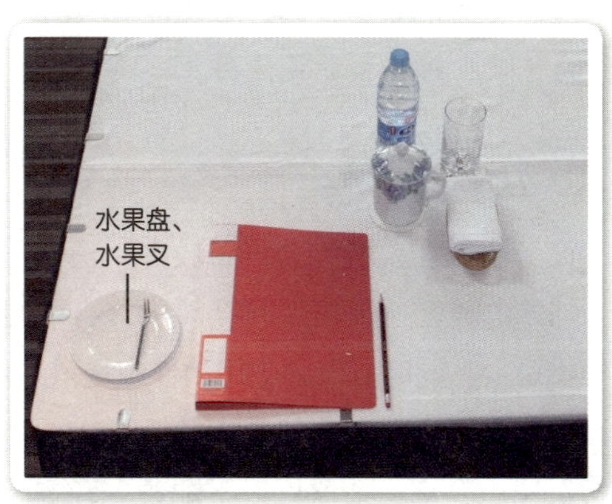

▲ 高档会议的桌面布置

（8）鲜花装饰：不管是主席台，还是长条形会议桌，鲜花盆数一般为单数；也有的会议桌鲜花呈“一”字形。如果设有立式演讲台，那么演讲台上的花枝成垂柳状会比较好看。

▲ 长方形会议桌鲜花布置

▲ 演讲台鲜花布置

（9）茶点：如果是超过三个小时的会议，一般会在整个会场的最后排设置茶点台，饮料、水果、小点心为三种必备的茶点。

① 一般饮料可以包括红茶、咖啡、果汁等，有时也有可乐、雪碧。

② 水果为较易取食的品种，例如圣女果、草莓、金橘等，如果是哈密瓜、西瓜等，需事先加工，并配备水果夹、水果叉。

③ 小点心一般以曲奇类居多，可独立包装，也可配备点心夹。

④ 小果盆（一般为 6 或 8 英寸盆）、餐巾纸也必不可少。

朱莉所在公司与丹麦某贸易公司进行的是商务洽谈，跨国合作，规格较高；王总很重视本次洽谈，消费标准不会太低。桌面布置基本参照高档会议。但基于中西有别，建议可同时配备热茶和热咖啡，询问客人需要后再将热茶或热咖啡送上桌，会使客人觉得招待周到。另外，商务洽谈可采用长方形桌，根据人数安排两侧所坐人员。在鲜花的选择上，要注意颜色搭配，丹麦人视红、白、蓝三色为吉祥色，喜欢送客人黄色的花，白色的花只在婚礼和葬礼使用。

二、办公设备

商务会议需要的办公设备较多，最常见的物品有以下这些：

（1）电脑、投影仪：在会议中，有些内容需要借助多媒体投影设备来展示，因而这些设备必不可少。同时，电脑应用软件应尽量采用最新版本，以免版本太低，打不开客户的文件。

（2）话筒、音响：如果会场较大，话筒就是必需品；若会场较小，或参与人数较少且座位相对集中，那么话筒可以不配备。音响不仅仅是为话筒服务，还要供播放影音资料之用。

（3）复印机、传真机、打印机：这些是普通的办公设备，如是比较正规的商务会议，也需要配备。

（4）订书机、回形针、文件夹、档案袋、印泥、签字笔等小物件，常备无患。

（5）电脑网络：一般会议室应有无线网络，以供与会者调取资料；但如会议室、会议桌固定，且设有固定网络接口，那么有线网络也是一个相当不错的选择，毕竟多人同时使用的话，有线网络的网速要快于无线网络。

（6）如果是机密会议，可能还需要一台碎纸机。

朱莉从张磊处得知投影仪不能使用，那么必须在会议前一天修理好，并且要试用以确保无误。准备如此重要的一场商务洽谈，很多物品包括复印机、打印机等有备无患。假如会议室较小，不可能所有设备全都放在里面，那么至少要保证同一楼层的办公室能处理一切必要的工作，以免会议因等待某些资料而中断。

探索3：会前会后，面面俱到

张磊的烦恼

Julie 刚才给了我一张丹麦客户接待计划的复印件，我看了一下人员安排，接待客户那部分没有安排我，可是要我负责这次洽谈的“会前会后的其他事项”。人已经接来了，会议室和会议桌，她已经安排 Mary 去布置了；那我还有什么事要做呀？我得去问一下，这么重要的事，我可不能搞砸了！

张磊：Julie，有个问题我想确认一下。

朱莉：什么事啊？

张磊：你看，任务单上写着我的工作是负责“会前会后的其他事项”，你看，接待工作你自己完成了，会场布置 Mary 去落实了，会间你也安排了 Mary 帮忙送茶水，那么我还有什么事要做啊？

朱莉：呵呵，多得很啊！我问你，你桌上那本台历是哪里来的？

张磊：就是那本 ×× 公司的台历吗？不是上次我们一起开会时，他们公司发的礼品吗？还有一支 Parker（派克）笔，你不是也有的吗？

朱莉：（笑嘻嘻地看着张磊，不说话）

张磊：哦！我明白了！原来昨天你让我去拿回来的那个精美名片夹是这个用处呀！那我知道了，我去准备一个礼品桌，晚些放在会议室外，等会议结束，就每人发一个。

朱莉：这倒不用，你说的那种送礼品的方式，是大型会议使用的。我们这次洽谈，对方一共只来 5 人，所以你可以放在会议室里的工作台上，王总会亲自送给他们的。

张磊：也对哦，好的，会议开始前我会放进去的。那么会前还要做些什么？要不要像上次那个会议一样摆一个签到本在外面，来一个签一个？可是一共才 5 个人，那么大一个签到本，是不是也怪怪的？

朱莉：嗯，这倒是个难点，我正想跟你商量呢！我也觉得放一本签到本好像有点夸张。

张磊：你看这样行不行？今年年初我们不是印了一本广告册吗？我们邀请丹麦的客户在扉页上用金色油漆笔签上大名，你说怎么样？

朱莉：好主意啊！你真有创意！就照你的想法办。你先把相关物品准备好，然后也在会议开始前放在会议桌上，我会提醒他们签字的。这不仅是一个签到本，还是一个纪念品呢！

张磊：好的。

朱莉：还有，这几天我主要负责接待那些丹麦客户，会议室内 Mary 虽然已经准备得差不多了，但我还是想请你帮忙在头天晚上去做最后一次检查，看设备是否全部到位，是否都能用；当天早上再去看看是否所有的桌面用品、茶点、水果都到位了，毕竟这是一次非常重要的会议呢！

张磊：没问题！保证完成任务！

张磊通过与朱莉的沟通，已经知道了在这次洽谈之前，他除了要准备礼品和签到本之外，最后的检查也是必不可少的一个环节。此外，小型的商务洽谈和大型会议，会前会后的各类琐碎事宜看起来差不多，但是在具体操作上还是有很大差别，要因事而动。

温馨提示

洽谈中还要注意良好的仪容仪表：

1. 不论是商务会议，还是其他会议，仪表始终是非常重要的，要尽量给其他与会者留下良好印象。

2. 保持良好的坐姿，端正而不过于僵硬，使用合理的肢体语言，注意控制不雅的肢体动作。

3. 始终保持微笑，目光专注于讲话者的同时也要兼顾全体。

4. 利用沟通技巧，随机应变，即使意见不合也不宜大声争执，有时候低沉柔和的声音反而更有说服力，“有理不在言高”。

5. 如果你是主要的发言者，不要把会场变作“一言堂”；如果你不是最主要的发言者不要喧宾夺主，可以适时发表自己的意见。

6. 如果你是主方，要最大限度地尊重客方；如果你是客方，要永远记得“客随主便”。

话题小结

会议，是利用各方面人力解决现实中各种问题的最常用的方式。在工作中，竞标、达成意向、解决纠纷、经验交流、参观访问等，无一离得开会议。从会议的参与者角度看，与会的服装、会场礼仪是必须了解的内容。从会议的组织者、接待者来看，如何布置会议厅、选择桌型、布置桌面、安排座次，是否需要设置茶点台，准备会议用品等，都是重点要把握的内容。

礼仪小舞台

❶ 案例分析：

林琳是香港某服装公司南京分公司的行政主管。有一天，香港总公司老总来南京视察工作，日程安排非常紧：上午 11 点到达南京；用过午餐后，下午 1 点到 2 点 30 分与南京销售部总经理交流合作意见（主方参与者：香港总公司老总，携总经理特助一名；南京分公司总经理，携销售部经理；客方参与者：各销售点总经理，销售经理，总经理秘书）；下午 3 点召开南京分公司职工代表座谈会，4 点赶赴机场，飞往天津。

公司只有一个会议室，一下午开两个不同性质的会议，中间只有 30 分钟做准备。怎样才能在最短的时间内做好所有安排呢？林琳犯了愁……

1 请帮助林琳设计一个会议桌，能同时适用于前后两个会议。

2　请帮助林琳安排第一个会议的座次。

3　两个会议中间的 30 分钟，林琳可以为香港总公司的老总安排些什么呢？

❷ 实训操作：请尝试布置一个高档会议桌。

❸ 实训操作：请尝试布置一个 20 人份的茶点台。

第四幕
得心应手（角色：礼仪达人）

又过了五年，朱莉的能力得到了更多的锻炼，她被提拔为总经理助理，职场更广阔的天地展现在她面前：参与组织各类庆典活动；为重要客户准备礼品；越来越多出国公干的机会……朱莉的礼仪修养在工作实践中不断地提升。张磊也通过自身的努力，在各个方面有所突破，被提拔为行政主管。

话题 1 剪彩、庆典与签字仪式

学习目标

1. 掌握剪彩仪式的流程和作为剪彩嘉宾和助剪人所要掌握的相关细节。
2. 了解各类庆典仪式的流程。
3. 掌握签字时的座次安排和签约程序。

案例导引

公司生意越做越大，美国总公司决定在成都再成立一个办事处，这样，成都分公司和上海分公司将被长江连起来，形成一条东西贯通的产业链。胡副总被委派至成都分公司任总经理，由于 Nancy 调往美国总部了，于是，他向王总请示，把朱莉借调去成都一段时间，负责新公司成立前的一系列工作……

探索1：剪彩仪式

朱莉的问题

升职后的工作比以往繁杂很多，还没来得及完全适应，又被王总派去协助筹备成都分公司的胡总。刚接到任务的时候，我担心两边都做不好。两位老总都对我很信任，我心里也很感动。在成都待了两个星期，前期的一系列工作都准备得差不多了。胡总计划下周五开业时举行一个开业典礼，其中包括剪彩仪式，嘉宾他已通过人脉关系亲自邀请好了，我的工作就是组织整个活动。典礼啊，剪彩啊，之前我只是在电视上看到过，为了做好开业典礼，我上网查询资料，发现有很多的讲究……

一、开业典礼

开业典礼是指商家开始正式营业时举行的庆祝活动。许多企业为了扩大影响力，树立企业形象，招徕顾客，在开张之际都要举行开业典礼。

开业典礼的准备有以下几方面：

❶ 做好舆论宣传

企业要运用传播媒介，大量刊登广告，吸引公众注意。广告内容一般包括开业典礼举行的时间、地点、企业经营特色、开业初期对顾客的优惠等。

❷ 提前发送请柬

开业典礼的成功与否，在很大程度上与参加典礼的人数及主要来宾的身份有直接关系。举办开业典礼应提前发送请柬，邀请上级领导、有关部门负责人、合作伙伴、社会名流、员工代表或客户代表及新闻媒体方面的人士等来参加。请柬要精美、大方，一般用红、白、蓝三色。请柬的格式是：

尊敬的 ×× 先生（女士）：

兹订于 × 月 × 日（星期 ×）上午 × 时，在 ×× 处举行 ×× 开业典礼。

敬请光临！

×× 公司

❸ 布置现场环境

举行仪式的现场可设在商家门口，现场布置要烘托喜庆气氛，门口可悬挂“×× 开业庆典”的横幅，主席台两侧可摆放花篮、牌匾、纪念物品，会场四周挂彩带、宫灯、气球等。

❹ 开业典礼程序

开业典礼一般都按约定俗成的形式举行，其活动过程大致是三段式，即开场、过程、结局。

典礼开场，可奏乐或播放节奏明快的乐曲，在非限制鞭炮地区，可燃放鞭炮庆贺。

典礼进行，一般由企业负责人首先致辞，再由上级领导和来宾代表致贺词。

典礼结束，主人可引导来宾进店参观，并介绍本企业的特色商品、经营方针，也可以现场征询意见，与来宾进行简短的座谈，或请来宾在留言簿上留言签字和合影留念，以融洽与各界人士的联系。

开业典礼结束后，商家即正式对外营业，领导和营业员应恭敬地站在门口迎接顾客。对首批顾客，营业员更应注重售货礼仪，适时说声“欢迎光临”。还可准备一些印有“×× 开业典礼”字样的购物袋，赠给顾客，以做宣传。

朱莉所要准备的是一家国际性外贸企业的开业典礼，规模不会太小，因此制作请柬、邀请媒体、布置现场等各个方面的安排都不可忽视。

值得注意的是，胡总所说的“嘉宾已亲自邀请”，指的是开业典礼的嘉宾，还是仅仅指剪彩的嘉宾；“已邀请”是指不需要朱莉再关心，还是仅仅指虽口头约定，仍需朱莉发送请柬、最后确认等，这些问题都是作为一个开业典礼的组织者需要理清的。工作人人会做，但能做到什么样的程度，取决于细节，我们要尽量当一位关注细节的有心人。

二、剪彩仪式

剪彩仪式讲究时间、地点、人物、道具等，细节更为重要，需要事先拟定计划，设计方案。

❶ 剪彩仪式计划方案

实施项目：×× 开业剪彩仪式

实施主体：公司行政部

实施时间：×× 年 × 月 × 日（暂定）

协助实施：公司其他相关部门

具体实施说明

（1）策划目的：

① 剪彩活动是公司对既往成绩的肯定和庆贺，营造祥和、热闹的气氛。

② 对所有员工进行鞭策与激励，促使其再接再厉，继续进取。

③ 借公司新店开张的良机，向社会通报新店的“问世”，以吸引各界人士对公司的关注，提升人气。

（2）仪式规格定位：

隆重、节俭、有序。

（3）指导思想：

规模适度，量力而行，绝不铺张浪费，不一味求新、求异、求轰动而脱离了公司的实际能力。

（4）前期的广告宣传：

广告宣传、媒体邀请、人员培训等交给公司公关部安排。

（5）现场设置：

现场清理、场地布置、音响准备等交给公司后勤部门。

（6）剪彩仪式的基本程序：

① 请来宾就位。

② 宣布仪式正式开始。

③ 奏庆典喜庆乐曲。

④ 领导讲话。

⑤ 进行剪彩。

⑥ 引领参观。

朱莉的方案是写了出来，看起来就是个大纲，具体实施时还有很多细节需要注意。朱莉是个细心人，逐一检查时，她忽然又发现还要准备很多物品。

❷ 剪彩道具

（1）红色缎带。

红色缎带即剪彩仪式之中的“彩”，传统中由一整匹未曾使用过的红色绸缎在中间结成数朵花团而成。一般来说，红色缎带上所结的花团，要生动、硕大、醒目，具体数目同现场剪彩者的人数直接相关：其一，花团的数目较现场剪彩者的人数多上一个；其二，花团的数目较现场剪彩者的人数少上一个。前者可使每位剪彩者处于两朵花团之间，尤显正式；后者不同常规，亦有新意。

（2）新剪刀。

剪刀必须是剪彩者人手一把，而且崭新、锋利而顺手，事先一定要逐把检查好不好用。务必确保一剪成功，切勿一再补刀。在剪彩仪式结束后，主办方可将每位剪彩者所使用的剪刀经过包装之后，送给对方以资纪念。

（3）白色薄纱手套。

在正式的剪彩仪式上，剪彩者剪彩时最好每人戴上一副白色薄纱手套，以示郑重其事。手套数量要充足，还须大小适中、崭新平整、洁白无瑕。

▲ 剪彩所用花团

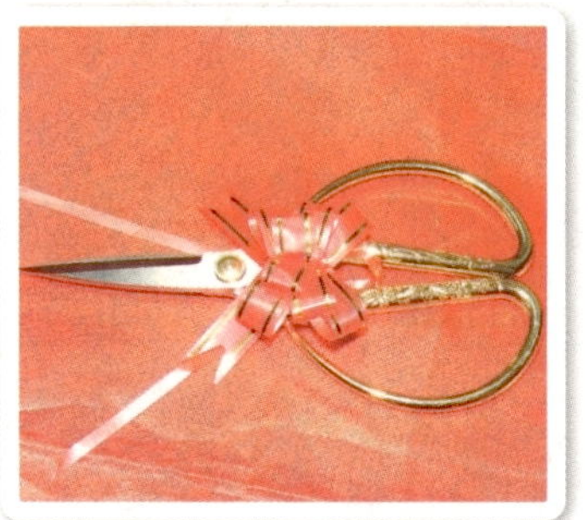

▲ 剪彩所用新剪刀

▲ 白手套

（4）托盘。

托盘是在剪彩仪式上用来盛放红色缎带、剪刀、白色薄纱手套的，要求崭新、洁净，圆形或长方形均可；首选银色或金色的不锈钢制品。为了显示正规，可在使用时铺上红色绒布或绸布。在剪彩时，可以用一只托盘盛放向各位剪彩者提供的剪刀与手套和红色缎带；也可以为每一位剪彩者配置一只专门的托盘，同时使红色缎带专由一只托盘盛放。后一种方法显得更加正式一些。

▲ 剪彩所用托盘

（5）红色地毯。

地毯铺设在剪彩者正式剪彩时的站立之处，长度可视剪彩人数而定，宽度应在一米以上。在剪彩现场铺设红色地毯，主要是为了提升剪彩档次，营造喜庆气氛。

温馨提示

目前，有不少人对剪彩提出异议，认为它多此一举，劳民伤财。剪彩仪式在内容、形式、步骤等方面也在逐渐革新，日趋简化。规模适度的剪彩，其实是一种业务宣传活动，而并非只是铺张浪费，毫无任何收益。在剪彩活动中，量力而行，投入适当，绝对是得大于失的。所以在实际的商务活动之中，绝大多数商界人士依旧坚持认为，剪彩不宜被取消，也不能被替代。

为了厉行节约，红色缎带可以代之以长度为两米左右的细窄缎带，或者以红布条、红线绳代替，也是可行的；专为剪彩者所准备的白色薄纱手套亦可不准备；红地毯有时候亦可不予铺设。

❸ 剪彩时间

剪彩宜紧凑，忌拖沓。时间安排短则一刻钟即可，长则不宜超过一个小时。

❹ 剪彩人员

除主持人之外，剪彩的人员主要是由剪彩者与助剪者组成。担任剪彩者是一种很高的荣誉。剪彩仪式档次的高低，往往同剪彩者的身份密切相关。

（1）剪彩者。

剪彩者可以是一个人，也可以是几个人，但是一般不应多于五人。通常，剪彩者多由上级领导、合作伙伴、社会名流、员工代表或客户代表担任。

确定剪彩者名单，必须是在剪彩仪式正式举行之前。名单一经确定，即应尽早告知对方，使其有所准备。在一般情况下，确定剪彩者时，必须尊重对方意见，切勿勉强。需要由数人同时担任剪彩者时，应分别告知每位剪彩者届时他将与何人同担此任。这样做，是对剪彩者的一种尊重。千万不要“临阵磨枪”，在剪彩开始前方才强拉硬拽，临时找人凑数。

（2）助剪者。

一般助剪者多由东道主一方的女职员担任。现在，人们对她们的常规称呼是礼仪小姐。

礼仪小姐的基本条件是：相貌姣好、身材颀长、年轻健康、气质高雅、音色甜美、反应敏捷、善于交际。礼仪小姐的穿着打扮必须尽可能地整齐划一，最佳装束应为：化淡妆、盘起头发，穿款式、面料、色彩统一的单色旗袍，配肉色连裤丝袜、黑色高跟皮鞋。除戒指、耳环或耳钉外，不佩戴其他首饰。有时，礼仪小姐亦可身穿深色或单色的套裙。

剪彩仪式上的礼仪小姐，可以分为迎宾者、引导者、服务者、拉彩者、捧花者、托盘者。迎宾者的任务是在活动现场负责迎来送往。引导者的任务是在进行剪彩时负责带领剪彩者登台或退场。服务者的任务是为来宾尤其是剪彩者提供茶水饮料，安排休息之处。拉彩者的任务是在剪彩时展开、拉直红色缎带。捧花者的任务是在剪彩时手托花团。托盘者的任务是为剪彩者提供剪刀、手套等剪彩用品。

当朱莉向胡总确认了嘉宾是否需要自己再发送请柬之后，在典礼举行前的一至两天，还要与这些嘉宾最终确认一下是否参加；如果有嘉宾因故不能前来参加，要立刻采取应急措施。

物品准备方面，朱莉可以交由手下去做。如果剪彩仪式在某酒店或会所举行，也可委托承办场所准备，但必须提前一天亲自检查。还有助剪者的服装与分工安排，可以交给手下准备，但需检查。朱莉作为总经理助理，未必要事事亲力亲为，但必须提前一至两天亲自检查确认，尽量使仪式万无一失。

5 嘉宾安排

若剪彩者仅为一人，则其剪彩时居中而立即可。若剪彩者不止一人，一般的站位规矩是：中间地位高于两侧，右侧地位高于左侧，距离中间站立者愈远职位愈低，即主剪者应居于中央的位置。

6 剪彩过程

进行正式剪彩时，剪彩者与助剪者的具体做法必须合乎规范，否则就会使其效果大受影响。

当主持人宣告“剪彩仪式开始”之后，礼仪小姐即应率先登场。在上场时，礼仪小姐应排成一行，从两侧同时登台，或是从右侧登台均可。登台之后，拉彩者与捧花者应当站成一行，拉彩者处于两端拉直红色缎带；捧花者各捧一朵花团；托盘者须站立在拉彩者与捧花者身后一米左右，并且自成一行。

▲ 剪彩仪式图

在剪彩者登台时，引导者应在其左前方进行引导，使之各就各位；剪彩者宜从右侧出场。当剪彩者均已到达既定位置之后，托盘者应前行一步，到达前者的右后侧，以便为其递上剪刀、手套。

剪彩者若不止一人，则其登台时亦应列成一行，并且使主剪者行进在前。在主持人向全体到场者介绍剪彩者，后者应面含微笑向大家欠身或点头致意。

剪彩者行至既定位置之后，应向拉彩者、捧花者含笑致意；当托盘者递上剪刀、手套时，亦应微笑着向对方道谢。

在正式剪彩前，剪彩者应首先向拉彩者、捧花者示意，待其有所准备后，集中精力，右手持剪刀，表情庄重地将红色缎带一刀剪断。若多名剪彩者同时剪彩，其他剪彩者应注意主剪者动作，与其协调一致，力争大家同时将红色缎带剪断。

退场时，一般宜从右侧下台。待剪彩者退场后，其他礼仪小姐方可列队由右侧退场。

不管是剪彩者还是助剪者在上下场时，都要注意井然有序，步履稳健，神态自然，落落大方。

朱莉是本次剪彩仪式的组织者，也就是说，她的职务决定了她目前还成不了剪彩者，但也不可能是助剪者，因此，她的任务主要是策划、指挥、协调。

仪式的当天，朱莉手持对讲机，就像一个现场导演一样掌控全局，剪彩仪式的准时开始，整个仪式时间的把握，以及提示嘉宾上台的顺序等一切都进行得井然有序。当送走最后一批嘉宾，胡总远远地向朱莉竖起了大拇指，朱莉一直悬着的心终于放下来了。

剪彩仪式的由来

上世纪初，在美国的一个乡间小镇上，有家商店的店主从一次偶然事件中得到启迪，为商家独创了一种崭新的庆贺仪式——剪彩仪式。

当时，这家商店即将开业，店主为了阻止顾客在正式营业前闯入店内，将用以优惠顾客的便宜货抢购一空，使守时而来的人们受到不公平的待遇，便找来一条布带子拴在门框上。哪知店主的小女儿牵着一条小狗突然从店里跑了出来，将拴在店门上的布带子碰落在地。店外不明真相的人们误以为这是该店为了开张志喜所搞的“新把戏”，于是立即一拥而入，大肆抢购。让店主转怒为喜的是，他的这家小店在开业之日的生意居然红火得令人难以设想。向来有些迷信的他便追根溯源地对此进行了一番“反思”，最后他认定，自己的好运气全是由那条被小狗碰落在地的布带子所带来的。因此，此后在他旗下的几家“连锁店”陆续开业时，他便将错就错地如法加以炮制。久而久之，这项无意之中的“创造”，经过后人的不断“提炼”，逐渐成为一整套的仪式，先是在全美，后在全世界广为流传开来，在流传的过程中，也被人们赋予了一个极其响亮的名字——剪彩。

探索2：各类庆典细节多

朱莉的问题

剪彩仪式举办得很成功，让我信心倍增。我把这件事告诉了 Nancy 姐，她肯定了我的表现，并告诉我公司每年有很多的庆典活动计划，希望我能够未雨绸缪，先行一步学习起来。我知道这次剪彩是为了开业，那么，除了开业典礼外，还有哪些类型的庆典活动呢？这些庆典活动该如何组织呢？

一、常见的庆典活动

庆典活动的种类很多：有为了纪念某一节日、纪念日而举行的；有为了庆祝获得某一成就、荣誉而举行的；有为了庆祝组织机构的成立而举行的；更多的有为一个工程、项目的动工、竣工、开业、结业而举行的。庆典活动一般是举行典礼或仪式。

除了之前所讲到的开业典礼外，常见的典礼还有：

1 周年庆典

周年庆典指企业在成立周年纪念日举行庆典。这类活动一般是定时举行，通常结合企业当前的中心任务组织。

2 庆功典礼

庆功典礼指单位或成员为获得某项荣誉、取得某些重大成就、重大业绩、项目有重大进展而举行的庆祝活动。如某市荣获“全国卫生城市称号”，某企业荣获“建设部评定装饰施工一级和设计甲级企业”，某轿车厂“第 100 万辆轿车下线”，某电视机厂“超大屏幕彩色电视机开发研制成功”等。

3 奠基典礼

奠基典礼指重大工程项目如楼宇、道路、桥梁、河道、水库、电站、码头、车站等正式开工时举行的仪式。这类庆典起庆祝性、纪念性作用。

4 竣工典礼

竣工典礼指某一工程项目建成完工时举行的庆贺性仪式，包括建筑物落成、安装完工、重大产品成功生产等。这类典礼一般在竣工现场举行。

5 通车典礼

通车典礼指重大交通建筑如公路、铁路、地铁、桥梁、隧道等，在正式交付使用前举行的庆祝活动。

❻ 通航典礼

通航典礼又称首航仪式，是指飞机、轮船正式开通一条新航线时举行的庆祝活动。

值得一提的是，往往有些人把“通航典礼”和“轮船下水仪式”混为一谈，其实这根本是两回事。通航，其标的是航线，对航空、航海都可行，比较接近于通车典礼；而轮船下水一般是指新船造成后第一次下水举行的仪式，不少地方还流行将香槟砸向船头，名曰“掷瓶礼”，其本质更接近于竣工典礼。

二、策划庆典活动

庆典活动要取得成功并收到预期效果，必须对庆典活动进行认真的策划和严密的组织，以下环节是需要加以重视的：

❶ 制定方案

每一个庆典活动，必须制定一个活动方案，包括典礼名称、规格规模、邀请范围、时间地点、典礼形式、基本程序、主持人、筹备工作、经费安排等。庆典活动要执行国家有关规定，重大庆典活动一般要报上一级机关审批，如县一级举办重大庆典活动，要报市委、市政府审批并报省委、省政府办公厅备案。其他庆典活动要经有关领导审批。

❷ 确定对象

庆典活动要邀请有关领导、知名人士、行业及社区公众代表、新闻记者参加。应邀人员一般是各界代表、与活动主题相关的人士。一旦确定人员，应当及早发出邀请，并准确掌握来宾出席情况。

❸ 安排程序

合理安排庆典程序，一般包括下面几点内容：

（1）重要来宾留言、题字。

（2）主持人宣布活动开始。

（3）奏国歌或奏乐，介绍重要来宾。

（4）领导人致辞和来宾代表讲话。

（5）进行剪彩、参观等活动，有时还安排座谈、宴请、文艺节目等。

❹ 布置准备

庆典现场的布置根据庆典内容确定，一般包括音响设备，会场、舞台或现场的横幅、标语、彩旗、鲜花、气球等。地点的选择，应结合庆典的规模、影响力以及本单位的实际情况来决定。本单位的礼堂、会议厅，本单位内部或门前的广场，以及外借的大厅等，均可予以选择。场地的大小，应同出席者人数的多少相适应。在庆典举行前后，播放一些喜庆、欢快的乐曲，只要不抢占“主角”的位置，通常是可以的。

❺ 接待工作

要有专门的礼宾接待人员。重要来宾的接待，要由有关负责人亲自完成。要安排专门的接待室，以便庆典正式开始前让来宾休息、交谈。要有专人引导入场、签到、留言、剪彩等。

❻ 后勤保障和安全保卫

要做好庆典活动的后勤保障工作，包括茶水供应，纪念品发放，现场秩序维护和安全保卫工作等。

三、组织庆典的注意问题

庆典活动的策划组织，要注意以下问题：

❶ 适时

选择好时机，可以增强活动的效果，为典礼增色不少。有些典礼的时间是固定的，如节日、纪念日，这些庆典一般只能提前，不能推后。有些庆典则要选择时机，如开业、竣工等典礼，除了要筹备好以外，还要考虑有关领导能否出席、气候及前后节日情况等因素。

❷ 适度

庆典活动是一种礼仪性活动。我国有关方面专门做出规定，要严格控制典礼过多、过滥，认真执行申报制度。典礼的规模、形式还要和单位、项目情况大体相符，不可铺张浪费。

❸ 隆重有创意

典礼是一种热烈庄重的仪式，需要一定的隆重程度，既可以鼓舞人心，又可以扩大影响。在现场布置、庆典形式选择、程序安排等环节下功夫，努力营造隆重热烈的气氛，同时还要力求有创意。

朱莉从事的是外贸行业，因而在这些常见庆典中，奠基、竣工、通车、通航与其公司无直接关联，需要朱莉组织的可能性不大；但是职场上，也不排除朱莉跟随老总作为嘉宾或参与者被邀请参加典礼的可能性。因而，作为一名职场达人，不但要知道如何组织各类庆典，还要随时做好参加庆典的准备。

四、参加庆典的注意问题

按照仪式礼仪的规范，商界人士作为东道主在出席庆典时，应当严格注意以下几点：

❶ 仪容整洁，服饰规范

所有出席本单位庆典的人员都要保持仪容整洁。有统一工作制服的单位，应要求以制服作为本单位人士的庆典着装。无制服的单位，人员必须穿着礼仪性服装，即男士应穿深色的中山装套装，或穿深色西装套装，配白衬衫、素色领带、黑色皮鞋；女士应穿深色的西装套裙，配长筒肉色丝袜、黑色高跟鞋；或者穿深色的套装、花色素雅的连衣裙。绝不允许参加人员在服饰方面自由放任，显得不庄重。

不论是主办单位的人员还是外单位的人员，参加庆典时，都应该注意自己的举止。其中主办单位更要注意自己的表现。朱莉今后可能组织各类庆典活动，那么在举行庆典之前，一定要对全体员工进行必要的礼仪教育，尤其是负责迎来送往的接待人员和相关公司主管，更要注意自己的举止、形象。

❷ 遵守时间

遵守时间，是基本的商务礼仪之一。对本单位庆典的出席者而言，更要重视，上到本单位的最高负责人，下到级别最低的员工，都不得迟到、无故缺席或中途退场。如果庆典的起止时间已有规定，则应当准时开始，准时结束。

❸ 遵守庆典礼仪

在举行庆典的整个过程中，都要表情庄重、聚精会神，要配合庆典的气氛。假若庆典之中安排了升国旗、奏国歌、唱“厂歌”的程序，一定要依礼行事。

对来宾态度要友好。当来宾在庆典上发表贺词或是随后进行参观时，要主动鼓掌表示欢迎或感谢。不论来宾在台上台下说了什么话，主方人员都应当保持克制，注意文明修养。不允许打断来宾的讲话，或向其提出挑衅性质疑，与其进行大辩论，或是对其进行人身攻击。

参与人员在庆典举行期间不要到处乱走、乱转，说“悄悄话”、开玩笑，东张西望，或一再看手表，向别人打听时间等。

❹ 发言冷静礼貌

上场时要沉着冷静，发言开始，勿忘说一句“大家好”或“各位好”。在提及感谢对象时，应目视对方，同时郑重地欠身施礼。对于大家的鼓掌，则应以自己的掌声来回礼。在讲话结束，应当说一声“谢谢大家”。发言一定要在规定的时间内结束，宁短勿长，不要随意发挥，信口开河。应当少做手势，含义不明的手势在发言时尽量不用。

温馨提示

如果作为嘉宾应邀参加庆典，同样有必要“既来之，则安之”，以自己上佳的临场表现，来表达对于主办单位的敬意与对庆典本身的重视。在场表现欠佳是对主办方的一大伤害，所以宁可不去，也绝不可去而失礼。尤其是不代表个人而以单位代表的身份参加，更要注意自己的临场表现，不可自由放任。

探索3：签字仪式

朱莉的问题

我把自己整理的有关庆典的资料跟Nancy姐交流了一下，她说很好，但还不够全面。她给我发了一张照片，是她在美国参与的一个活动。我一看，怎么跟香港TVB电视剧里经常出现的签约仪式那么像？没想到她告诉我这就是美国总公司跟另一家物流公司签约的场面，非常壮大……Nancy姐发了一份资料给我，让我好好学习一下有关签约仪式的内容，嘱咐我说，有时间一定要多学点东西，千万别出现"书到用时方恨少"的局面。签约仪式有哪些东西需要了解呢？

签约仪式是双方或多方就某一或几项事务达成共识后，为签订书面的协议、合同、条约等而举办的仪式，在某些场合（如国际交往）也称签字仪式，是一种非常正式的商务活动。

一、签字仪式准备

❶ 签字文本准备

安排签字仪式，首先是准备签字文本。负责为签字仪式提供待签的合同文本的主方，应会同有关各方一道指定专人，共同负责合同的定稿、校对、印刷、装订、盖火漆印等工作。按常规，应为签字的有关各方均提供一份待签的合同文本。必要时，还可再向各方提供一份副本。

签署涉外商务合同时，比照国际惯例，待签的合同文本应同时使用有关各方法定的官方语言，或是使用国际上通行的英文、法文。此外，亦可几种语言并用。

待签的合同文本，应由精美的白纸印制而成，按大八开的规格装订成册，并以高档质料，如真皮、金属、软木等作封面。

❷ 签字物品准备

要准备好签字用的文具（包括签字笔、吸墨器），涉外合同还要准备双方国旗等物品。

❸ 服饰准备

在签字前要规范好签字人员的服饰。按照规定，签字人、助签人以及随员在出席签字仪式时，应当穿着具有礼服性质的深色西装套装、西装套裙，并配以白色衬衫与深色皮鞋。在签字仪式上露面的礼仪、接待人员，可以穿自己的工作制服，或是旗袍一类的礼仪性服装。

❹ 签字厅布置

布置要庄重、整洁、清静。签字场所的桌台摆放和人员位次应符合礼宾礼仪要求。桌面上覆盖台布。台布色彩的选择要考虑对方的习惯与忌讳。桌上摆放各方保存的文本，文本前方放置签字用的工具。签字仪式位次排列有三种情况：

（1）签字厅内置长方桌一张作签字桌，桌后放两把或多把椅子为签字人员的座位，主左客右。座前摆放各自保存的文本和签字文具。如遇涉外，还应在桌中央摆一旗架，悬挂签字两方或多方的小国旗。参加签字仪式的人员按主宾各一方并依身份高低分站于自己一方签字人的座位后面，如图所示。我国多采用这一种方式。

（2）签字厅内置长方桌一张为签字桌，参加签字仪式的人员按主宾各一方分坐在签字桌对面，双方国旗挂在签字桌的后面。如下图所示。

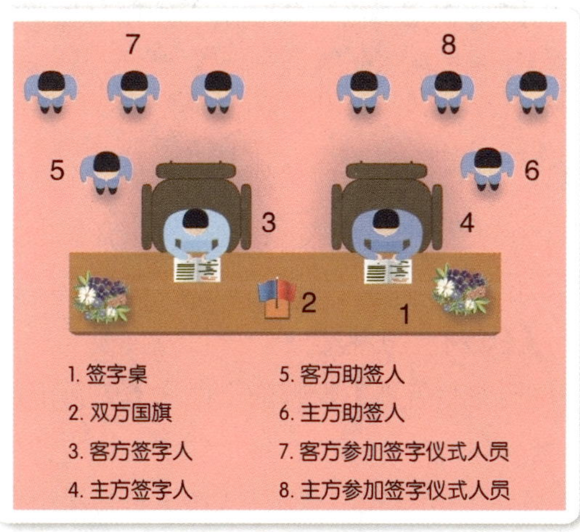

▲ 签字仪式位次排列1

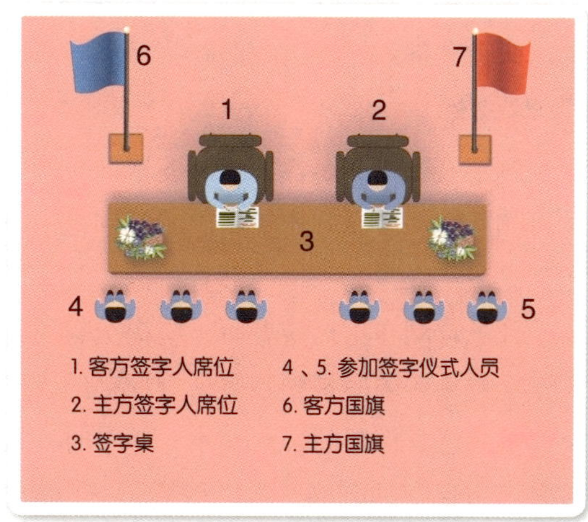

▲ 签字仪式位次排列2

（3）签字厅设两张或多张方桌为签字桌，主左客右，双方签字人各坐一桌，小国旗分别悬挂在各自的签字桌上，参加签字仪式的人员按主客各一方并依身份高低分坐于自己一方签字人的对面。如右图所示。

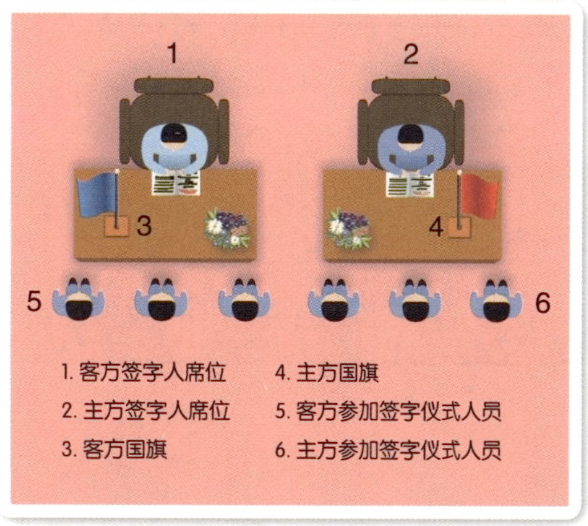

1. 客方签字人席位
2. 主方签字人席位
3. 客方国旗
4. 主方国旗
5. 客方参加签字仪式人员
6. 主方参加签字仪式人员

▲ 签字仪式位次排列3

二、签字程序

签字仪式是签署合同的高潮，它的时间不长，但程序规范、气氛庄严。签字仪式的正式程序一共分为四项：

❶ 正式开始

❷ 签字人入座

双方的助签人员分别站立于签字人员的外侧，协助翻揭文本及指明签字处。其他人员分主方、客方按身份高低站立于后排，客方人员按身份由高到低从中间向右边排，主方人员按身份由高到低由中向左边排。当一行站不完时，可以按照以上顺序并遵照“前高后低”的惯例，排成两行、三行或四行。

▲ 签字仪式

③ 签署合同文本

签字时配有的助签人员应分别站在各自签字人的外侧，协助翻揭文本，指明签字处。在本方保存的文本上签毕后，由助签人员互相传递文本，再在对方保存的文本上签字。之后，可由签字人交换文本。

④ 签字结束

签字人正式交换各方正式签署的合同文本。此时，各方签字人应热烈握手，互致祝贺，并可相互交换各自方才使用过的签字笔，以示纪念。全场人员应鼓掌，表示祝贺。有关人员尤其是签字人当场干上一杯香槟酒，是国际上通行的用以增添喜庆色彩的做法。在一般情况下，商务合同在正式签署后，应提交有关方面进行公证，才正式生效。

文本签署顺序是先签署己方保存的合同文本，再接着签署他方保存的合同文本。每个签字人在由己方保留的合同文本上签字时，按惯例应当名列首位。因此，每个签字人均应首先签署己方保存的合同文本，然后再交由他方签字人签字（由助签人交换），其含义是在位次排列上，轮流使有关各方均有机会居于首位一次，以显示机会均等，各方平等。

话题小结

在商务活动中，除了开业、周年庆外，其他各类庆典活动出现的概率并不高，就像签字仪式，虽然签合同的事每天发生，但是把签合同搞成仪式的却并不是很多。

有资格参加庆典的，一般都已经在自己的企业内、甚至在行业内都有了一定的地位，因此组织者一定要将活动组织得尽善尽美，让各方人士不留遗憾；作为参与者，也要认真对待每一次的活动，宁可不去，也不可随便赴会。

礼仪小舞台

❶ 案例分析：

2010 年第七届中国—东盟博览会的剪彩仪式打破了传统的剪布形式，用各国母亲河的水来完成。为此有记者给它取名为“以水代布，变分为合”的剪彩。

据了解，开幕式上，当各国领导人从友谊之门走向舞台时，会展中心主体建筑大门上方巨大的圆形电子显示屏上一一展示领导人的头像，舞台上 60 平方米的电子背景屏幕显示领导人向舞台走来，与此同时十几颗含苞欲放的花蕾也飘然来到舞台上。花朵渐放，十几个纯洁的小姑娘手捧装着各国母亲河的水瓶从盛开的鲜花中走出来，送到领导人手中。在礼花炮声中各国领导人把各自的母亲河的水汇集在一起凝聚成一股巨大的力量升向高空，把开幕式推向高潮。而后响起走进新时代的大钟，剪彩仪式在欢乐的气氛中结束。

想一想：

（1）你觉得这样的剪彩仪式怎么样？

（2）应邀嘉宾参加庆典时应如何表现？

❷ 剪彩仪式庄重、紧凑、有序，请按照剪彩的礼仪要求组织一次剪彩仪式，准备好剪彩所需的物品，布置好简单的剪彩现场，选好剪彩人员、礼仪小姐。

❸ 组织一次签字仪式。做好签字仪式准备工作，布置好签字台，模拟签字仪式的程序。

话题2 馈赠礼仪

学习目标

1. 掌握选择商务礼品的窍门。
2. 掌握如何接收和回赠礼物。
3. 了解常用花语。

案例导引

王总：Julie，我们跟丹麦合作的那个项目出了点问题，下周一我要去丹麦，你跟我一起去，然后准备6份礼品带去。

朱莉：好的。王总，礼品有什么特别的要求吗？

王总：上次他们过来洽谈，我们准备的名片夹我看他们兴趣不大，他们的大老板James好像对我办公室那幅水墨画很感兴趣，我听说他对中国传统文化很感兴趣，你尽量投其所好吧。

朱莉：好的！

探索1：赠送礼品

朱莉的问题

投其所好，说来容易，其实真不知道准备什么样的礼品才好！项目已然出现了问题，如果我准备的礼品他们再不喜欢……想起来了！记得上次Nancy姐跟我说起James对琴棋书画样样都很感兴趣，上次还跟王总杀了好几盘围棋呢，是否从这里入手？

商务礼品是企业或团体对外进行商务活动，加强企业间、团体间的协作和联系时使用的礼品。商务送礼其实已成了一种艺术和技巧，何时送与送什么同等重要。选对赠送礼品的时机，能给人留下深刻的印象，礼品所体现的价值也会增值。送礼时机不对，“画虎不成反类其犬”。那么，什么是商务活动送礼品的最佳时机呢？

一、赠送礼品的时机

❶ 佳节送礼正当时

选择新春、元旦、中秋、圣诞节是最普遍的做法，其他重要的传统节日如元宵、清明、端午、重阳以及国家的节假日，如“五一”、“十一”都是送礼的好时机，能借此节日说出送礼的理由。

❷ 表达谢意要及时

精明的公司经常在客户定期购货后，或者是在其他活动结束后，给客户赠送礼品。当你在工作和商务中遇到困难，得到了对方或朋友的大力帮助时，你要送礼以表示真诚感谢。

❸ 喜庆之时当祝贺

有业务往来的人碰上新婚、生子、乔迁之喜时，应当送礼以表示祝贺。

❹ 送礼要送在前头

遇有节假日或喜庆的日子，你都应当在事前送礼，最迟也应在当时送去。送礼忌迟，若没有赶上时间，不如不送，事后送礼礼品再多再贵重也会失去应有的意义，还很难消除对方被轻视的感觉。

❺ 在对方最没想到的时候送礼

人在日常生活中有意外之喜时心中常常溢满感动、感激。所以，为了给对方留下深刻印象，伺机采取一些意想不到的行动是很有效果的。

❻ 重要纪念日送礼

选择公司成立纪念日、新公司的成立日、大客户的生日或为客户老人生日祝寿、举行金银婚纪念等时机送出礼品会取得很好的效果。

❼ 寒暄之后及时送

有些人商务拜访直到离开时才想起该送的礼品，在门口拿出礼品时主人却因为谦逊、客套而不肯接受，此时在门口推推拉拉，颇为狼狈。如何避免这种情形发生？走进对方接待室的门，寒暄几句就奉上礼品；如果错过了在门口送礼的时机，不妨在坐定后，主人倒茶的时候送。此时，不仅不会打断原来谈话的兴头，反而还可增加另一个话题。

❽ 会议礼品会后送

举行庆典或会议时一般在会后赠送礼品，这样可以很大程度上避免参会人员中途退场。

二、选择礼品的要领

❶ 礼物轻重得当

礼物太贵重，会使接受礼物的人有受贿之嫌，特别是对上级、同事送礼更应注意。如果礼太轻而想求别人办的事难度较大，成功的可能几乎为零。礼物的轻重选择以对方能够愉快接受为尺度，争取做到少花钱，多办事；多花钱办好事。

❷ 礼品要有意义

礼物是感情的载体，礼品必须与你的心意相符，并使受礼者觉得你的礼物非同寻常，倍感珍贵。实际上，最好的礼品应该是符合对方兴趣爱好、富有意义的礼品。选择礼物时要考虑艺术性、趣味性、纪念性等多方面的因素，力求别出心裁，不落俗套。

❸ 了解风俗禁忌

送礼前应了解受礼人的身份、爱好、民族习惯，免得送礼送出麻烦来。

下面我们一起来了解一下中国传统的送礼禁忌。

中国普遍有好事成双的说法，因而凡是大贺大喜之事，所送之礼，均好双忌单，但广东人忌讳 4，因为在广东话中“4”听起来就像是“死”，被视为不吉利。

还有一些禁忌，比如，给老人不能送钟表，给夫妻或情人不能送梨，因“送钟”与“送终”，“梨”与“离”谐音，是不吉利的；不能为健康人送药品；不能为异性朋友送贴身的日常用品；对文化素养高的知识分子送去一幅蹩脚的书画赝品就很没趣；给伊斯兰教徒送去有猪的形象作装饰图案的礼品，可能会让人轰出来。

加油站

向外国友人馈赠须知

1 要突出礼品的纪念性。在涉外交往中，送礼依然要讲究“礼轻情意重”。因为在很多国家里，都不时兴赠送过于贵重的礼品，因为很可能让受礼者产生受贿之感。

2 要体现礼品的民族性。中国人司空见惯的风筝、二胡、笛子、剪纸、筷子、图章、书画、茶叶，一旦到了外国人手里，往往会备受青睐，身价倍增。

▲ 向外宾赠送礼物

3 要明确礼品的针对性。挑选礼品时要因人而异，因事而异。选择礼品时，务必要充分了解受礼人的性格、爱好、修养与品位，尽量使礼品受到受礼人的欢迎。此外，还应考虑到不同情况下，向受礼人所赠送的礼品应当有所不同。比如，在国务活动中，宜向外宾赠送鲜花、艺术品。出席家宴时，宜向女主人赠送鲜花、土特产和工艺品，或是向主人的孩子赠送糖果、玩具等。

4 要重视礼品的差异性。向外国友人赠送礼品，是绝对不能有悖于对方的风俗习惯的。要解决好这一问题，就要了解受礼人所在国家的风俗习惯。在挑选礼品时，主动回避对方与礼品品种、图案、形状、数目、包装等有关的禁忌。

三、常见的商务礼品

赠送商务礼品，既要表达公司谢意，又不至于使接受礼品者尴尬。礼品不在贵贱，贵在让客户明白你的心意。商务礼品按需求可分为交际性礼品、标志性礼品、纪念性礼品等。

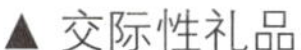

▲ 交际性礼品

▲ 标志性礼品

▲ 纪念性礼品

办公用品作为商务礼品最受大小公司欢迎。办公用品及办公桌装饰品多达 13 个系列，此类物品有钢笔系列、日记本、日历、公文包、文件夹、镇纸、通讯录、名片夹、支票夹等。

此外，如果是对中国文化非常感兴趣的外国客户，具有民族特色的礼品也颇受推崇，送礼之道，“投其所好”非常重要。

▲ 创意礼品笔

▲ 经典礼品

四、赠送礼品的方法

（1）送礼时要注意态度和语言表达。平和友善、落落大方的态度，才是受礼方乐于接受的。有些送礼者因为害羞，悄悄地将礼品置于桌下或房间某个角落，这样不仅达不到馈赠的目的，反而会令对方觉得送礼者有什么不可告人的企图，适得其反。赠送礼品时，还要配合恰当的语言，“一点心意，不成敬意”是比较常用的表达。但有时为了突出送礼的目的或自己的诚意，也可由类似的表达：

“这是我们公司自己生产的 ×× 产品，敬请留作纪念。”—— 礼品有纪念意义。

“我知道您特别喜欢雨前龙井，特地托朋友带来的。”—— 突出诚意，但一般用于熟人之间；如果关系一般，则容易使对方产生“你这么说，那不是我欠了你的情了吗”等类似的想法。

“这是敝公司特意为您准备的，不知道您是否喜欢？”—— 突出诚意，一般用于很尊贵，但尚未非常熟悉的客户。

如果因具体情况要对所赠送的礼品进行介绍时，应该强调的是自己对受赠一方所怀有的好感与情义，而不是强调礼物的实际价值，否则，就落入了重礼而轻义的地步，甚至会使对方有一种接受贿赂的感觉。

（2）了解别人的品位。要知道送礼不是使自己高兴，而是要让别人开心。有的放矢才会受人欣赏，送礼才有意义。送礼要在实用和不实用之间，掌握好度，不宜实用过头。对于注重知识品味的人，一卷书可能比什么都强。

（3）送礼不可包含明显的动机。应当尽量避免一些有影射意义的礼物。

（4）想一些新花样。如果要送礼给一个对什么也不感兴趣的人或什么也不缺的人，那真是最麻烦的事情。不妨动点脑筋，请他（她）去看一场极具吸引力的表演。

（5）根据受礼人的职业，选购他比较容易接受和感兴趣的礼物。

（6）价钱合理。礼物不能因太便宜而显得失礼，也不能太贵重让别人受之有愧，惴惴不安；其实礼物的价值应以你与收礼者的关系而衡量，这样会避免双方尴尬。

（7）商务送礼领带和腰带是不宜送给男性的，送女性项链和戒指也不太合适，但可以迎合女性敏感、温情的天性送一些她们喜欢的礼物，如怀旧的音乐盒。

（8）无论你的礼物是 3 元还是 300 元，都首先要撕掉价签。送一份明码标价的礼物，好像在提醒对方 —— 我的这份礼可是花了多少钱。你在期待回赠吗？还是想做一笔等价交换、物有所值的生意？

（9）精心挑选包装。礼品不同于自用，好的内容重要，好的形式更添彩。送礼原则之一是尽可能地选漂亮包装。

（10）对关系非同一般的人，自制的礼物是世上独一无二的，它会表达你的心思。但对于商务客户，可以适度创新，但不适宜过度怪诞。

▲ 请撕掉标签

王总告诉过朱莉，James 是地地道道的中国通，那么礼品的方向还是比较简单的——有中国特色；Nancy 又说过，James 对琴棋书画样样感兴趣，那么礼品的种类也就比较好确定了：古筝之类的中国特色古琴，体积过于庞大，携带不便，因此首先被排除；文房四宝、制作比较精良的围棋都是上上之选。至于其他人员，也可考虑具有中国特色的茶叶、紫砂壶等用品，如有女性，也可考虑刺绣制品。但基于 James 是大老板，因此赠送给其他人员的礼品的价值，不应超过赠给 James 的礼品价值。

探索2：接收和回赠礼品

朱莉的问题

丹麦之行非常顺利，James 对我们送的礼物也非常喜欢，项目上的问题也解决了，王总十分满意。接着，他又给我出了道难题：上次公司十周年庆的时候，上海市某行业协会的副会长金女士送了他一副白玉镇纸。来而不往非礼也，金女士即将升任正会长，他想回赠一份礼品，让我帮忙参谋一下。

商务来往经常会收到对方的礼品，如何接收和回赠礼品，也反映一个人的礼仪素养，对商务交往有不少影响。下面我们一起了解一下相关知识。

一、接收礼品

当别人对你说有礼物相赠时，不管自己在做什么，都应立即停下来，面向对方。在对方取出礼物准备赠送时，应保持风度；在赠送者递上礼物时，要尽可能地用双手前去迎接，不要一只手去接礼物，特别是不要单用左手去接礼物。在接受礼物时，勿忘面带微笑，双目注视对方。收礼者应用左手收好礼物（大的礼物可先放下），伸出右手来与对方握手致谢。

接受礼物时要注意礼貌用语，但不要过于推辞，没完没了地说“受之有愧，受之有愧”，以致伤害送礼者的感情；即使送的礼物不合你意，也应有礼貌的加以感谢。

如果现场条件许可，时间充裕，人数不多，礼物包装考究，那么，在接过他人相赠的礼物之后，应当尽可能地当着对方的面将礼物包装拆封，表示自己看重对方，同时也很看重获赠的礼物。在打开时，动作要井然有序，舒缓文明，不要乱扯、乱丢包装用品，撕破包装纸被认为是粗鲁的举止。当面拆开包装后，要以适当的动作和语言，表示你对礼物的欣赏和对送礼人的感谢。

如果由于某些特殊情况，你不能接受这份礼物，那么请婉言谢绝，不要伤害对方的自尊心。如果他人赠送礼物时周围客人很多，则不宜当众拒绝，可在适当时机找个恰当的理由予以退还。

二、回赠礼品

收到馈赠的礼物后，收礼人一般要回赠，加强与送礼人的联系，增进友谊。回赠礼品不比自发送礼，其送礼时机、礼物选择都比自发送礼更为讲究。

❶ 回赠的时机

（1）适逢与对方馈赠自己的机会相同的时机还礼。比如在生日婚庆、晋级升迁的时候接受的礼物，应在对方有类似的情形时再回赠。

（2）在对方及其家人的某一喜庆活动中还礼。比如在节日庆典时。

（3）在对方赠送后登门拜访之时还礼，或者也可以在客人走时立即回赠。

❷ 礼品的选择

（1）回赠的礼物切忌与赠送礼品重复，这样对方会认为你根本没有拆看他的礼物，或者认为你对回赠一事十分敷衍。

（2）回赠的礼品一般要价值相当，如有特殊情况，也可以根据具体情况而定。

（3）投其所好。每接受他人的馈赠，应留心记住礼物的内容，回赠时以选择类似的物品为宜。因为一般人在选择礼物时，无意之间会选择自己喜欢的礼物，因此，回赠对方时，不妨参考一下对方馈赠的礼物，较易赢得对方的欢心。

从馈赠的时机来看，金女士在公司十周年庆的时候送了礼品给王总，虽然是基于公事，但礼品（镇纸）的性质属于私人办公用品，因而现在王总选择在金女士升职的时机回赠，并不属于公私不分，总体来说还是比较恰当的。

从馈赠礼品的挑选上看，有三点：（1）金女士所赠镇纸属于办公用品，但玉器的价格会因其质地不同而差异很大，朱莉可以首先查询一些类似白玉镇纸的价格，然后选择等同价值的礼品回赠；（2）镇纸是非常古典的用品，一般喜欢书画的、爱好古典文化的人才会用到，朱莉也可以根据这个线索，去选择金女士可能喜欢的礼品；（3）适当考虑寓意为“节节高升”的礼品，以贺其高升。

探索3：花语须知

朱莉的问题

又一年春节临近，以往这时候，Nancy 姐都会给王总名单上的客户逐一送去鲜花篮，今年，这个任务落在了我身上。于是真的应了 Nancy 姐常跟我说的那句话：“书到用时方恨少！”以往每次 Nancy 姐订花的时候，我只是不经意地看几眼，现在需要系统地恶补一下了！

每一种花，都有自己的语言和象征意义，都在向我们诉说着人的心意。如果把鲜花作为礼物可是又选错花的品种，很容易造成不必要的误解。

下面，我们就来了解一些常见花的花语吧！

鲜　花	图　片	含　义	鲜　花	图　片	含　义
红玫瑰		热恋，真心诚意	康乃馨		所有女性的神圣之花，美好典雅的典范
黄玫瑰		道歉	勿忘我		浓情厚谊，永恒的友谊
白玫瑰		尊敬，纯洁与高贵	风信子		胜利
紫罗兰		永恒的美，质朴，美德	石斛兰		慈爱，祝福，喜悦
红掌		大展宏图	蝴蝶兰		我爱你
百合花		百年好合，心心相印	杜鹃		艳美华丽，生意兴隆

在我国，有些场合会赠送花篮或者捧花，这时可能涉及各种鲜花的组合，下面这张表格，可以提供给大家做参考：

常用送花常识			
用　途	可选花卉	颜　色	含　义
新年	剑兰、玫瑰、香石竹、兰花、热带兰、小苍兰、仙客来、水仙、蟹爪兰、红掌、金橘、鹤望兰等	各色	喜庆欢乐
春节	百合、水仙、兰花、杜鹃、郁金香及风信子、腊梅	各色	贺吉祥
中秋	兰花	白色	庆团圆
清明节	菊花、白美女樱、海竽	黄色或白色	思念及哀悼
圣诞节	一品红、圣诞树、花环	红、绿	祝福
情人节	玫瑰、郁金香、洋桔梗、满天星、茉莉花、勿忘我、海芋、风铃草、紫丁香、红山茶、扶郎花、长春花和红掌等	各色	传情意
母亲节	康乃馨	红色、黄色、粉色、白色	祝健康长寿、永远美丽年轻，表达怀念、热烈的爱、感激之情
父亲节	石斛兰、百合、黄色玫瑰、飞燕草及紫阳花	各色	父爱、喜悦、能力、欢迎
教师节	木兰花、月桂树、悬铃木	紫红色、绿色	代表高尚的灵魂和才华，以及功劳和荣誉
生日	长寿花、百合、万年青、龟背竹、报春花、吉祥草	各色	健康、长寿、快乐、幸福、财富
探病	唐菖蒲、玫瑰、兰花、茉莉等盆花	各色	关怀、慰问、祝平安
乔迁之喜 开业庆典	唐菖蒲、玫瑰、恬静又具有幽香的兰花、茉莉、米兰等盆花	红色为主 黄色陪衬	飞黄腾达、金玉满堂，万事如意
迎接贵宾	花环、饰花、花束	红花色系 与紫花色系	友谊、喜悦、欢迎、等待、惦念

同一种花在不同的国家可能代表不同的意思，不同国家送花也有不同的讲究，不可一概而论。例如，在国外，给中年人送花不要送小朵，意味着他们不成熟。给年轻人则不要送大朵的鲜花。我们也来看看下面这些常见花在不同国家的含义吧！

花　卉	禁忌国家	含　义	喜爱国家或地区	象征含义
郁金香	德国	无情、绝交	土耳其	爱情
兰花	波兰	激情之花	东南亚	君子高洁、有德泽
白百合花	英国	死亡	罗马	美与希望
	加拿大		波斯	纯真和贞洁
荷花	日本	象征祭奠的不祥之物	中国、印度、泰国、孟加拉、埃及	君子之花
菊花	西班牙、意大利、法国、比利时和拉美各国	只能用于墓地和灵前	日本王室	专用花卉
黄色的花	法国	不忠诚		

大家都知道向日葵吧？它每天向着太阳生长，很多人把它理解为生命力的象征。其实，向日葵的花语是“我深深爱慕着你”。关于这个花语，有一个凄美的传说：

克丽泰是一位水泽仙女。一天，她在树林里遇见了正在狩猎的太阳神阿波罗，深深对这位俊美的神着迷，疯狂地爱上了他。可是，阿波罗连正眼也不瞧她一下就走了。克丽泰热切地盼望有一天阿波罗能对她说说话，但她却再也没有遇见过他，于是她只能每天注视着天空，看着阿波罗驾着金碧辉煌的日车划过天空。她目不转睛地注视着阿波罗的行程，直到他下山。

每天，每天，她就这样呆坐着，头发散乱，面容憔悴。一到日出，她便望向太阳。后来，众神怜悯她，把她变成一大朵金黄色的向日葵，她的脸儿变成了花盘，永远向着太阳，每日追随太阳神，向他诉说她永远不变的恋情。

话题小结

中国自古就是礼仪之邦，传统上很注重礼尚往来，商务送礼也就成了商务活动中最能表情达意的一种沟通方式，增进了解，加深友谊。送礼要恰到好处，因人因事而异，精心选择最能表达情意的礼品，让对方见物如见人，起到“人走茶不凉”的社交功效。送礼一般说来，对家贫者，以实惠为佳；对富裕者，以精巧为佳；对恋人、爱人、情人，以纪念性为佳；对朋友，以趣味性为佳；对老人，以实用为佳；对孩子，以启智新颖为佳；对外宾，以礼品有中国特色为佳。需要注意的是要使送礼对象愉快地接受馈赠，还要讲究馈赠艺术和礼仪，否则送礼可能适得其反。

礼仪小舞台

❶ 案例分析：

最近小张要好的同事小李喜迁新居。那个周末，应小李之邀，一群同事到他的新居做客。平时要好的同事乔迁之喜，又是第一次上门，自然是要送礼的。小张精心挑选了礼品，周末一大早，约上好几个同事浩浩荡荡奔小李家，去的同事都大包小包好不热闹。到了小李家，小李和家人热情招待，邀请他们参观新居，手忙脚乱地回答他们一个又一个关于购房、装修的问题，乱了好一阵子才坐下来。大家带来的礼品都摆在一起，也没时间去看。

周一上班，小李就逐一感谢送礼的同事，大家都很客气，很开心。小张由于平日和小李关系特别好，就又聊了几句。无意中，小李说了句："你送的那件工艺品太漂亮了，我很喜欢。"小张愣住了，他没送工艺品啊！看着小李一脸的真诚，小张也不好说什么。一整天，小张心里都很郁闷，只好自我安慰："至少小李还记得我那天送过礼！"

请想一想：小张的送礼问题出在什么地方？

❷ 中秋节将至，王海接上司安排，计划给公司的重要客户都送去月饼。因为客户比较分散，时间又很紧迫，所以他选择用快递给客户送月饼提货券。你觉得这种方法好不好？为什么？

❸ 请同学两人一组分别扮演送礼者和受礼者，模拟送礼的场景，注意语言、动作和神态。

话题3 有“礼”走遍天下

学习目标

1. 了解商务旅行前要做哪些准备工作。
2. 学习商务旅行中的基本礼仪与注意事项。
3. 掌握商务交往的“3A原则”。
4. 了解一些国家的风俗禁忌。

案例导引

朱莉在升任总经理助理之前，最远也只去过日本，如今刚一上任就出差不断，而且大多数都需要出国。以前看 Nancy 姐出国，朱莉很羡慕，现在轮到自己出去了，却发现其实并不是自己想象中的那么简单，有不少事情需要准备。

探索1：旅行中的礼仪

朱莉的问题

我一直以为在 Nancy 姐的指导下，我已经算一个礼仪达人了，可是这次跟随王总去丹麦，还是发现自己有很多欠缺。在浦东国际机场去 WC 的时候，我正往里走，突然被一名外国女性拦下，她示意我在厕所门外排队，我才想起来以前学过这种礼仪。唉，这下可真是丢脸了……下周又要跟王总去英国出差，我还要好好补补课呢！

一、准备工作

1 置装

出国之前，应根据季节、当地的气候和自己出国的任务性质购置衣服。一般来说，凡出国人员都有公务在身，都要置备适合对外活动穿着的西装；同时，要适当准备一些适合旅游的便装。着装佩饰除了要考虑场合，还要尊重东道主的礼仪风俗。

2 购买机票

购买机票是出国成行的另一件大事。如果确定了出国日期，在护照、签证尚未办好前，为了按时出国，可预先到航空公司定票。

③ 纪律学习

防止失密、泄密是出国人员应该遵守的纪律，任何人不得擅自携带国家机密文件、资料和其他不宜出境的物品出国。与外国人交往要注意防范和提高警惕，不合适的场合不要去。

④ 写备忘录

出国人员必须保管好自己的护照和机票。以防万一被盗丢失。事前应把护照的号码、签发日期记下来，以备补发时申报，材料齐全可以缩短等待补发的时间。此外，出国时还应携带备用的照片若干张；要买一份当地的地图，外出时带在身边；同时要将所在饭店的地址、电话记下来带在身上。

对于从未去过的地方，朱莉应事先做一些攻略，如有特别需要注意的，还应提醒王总做好准备。例如，这次去英国，就应提前知道当地属于温带海洋性气候，多雨多雾，天气一日三变，因此保暖服装、雨具还是应该准备好的。此外，作为王总的特别助理，还要整理好各类与工作相关的文件。

二、注意事项

① 住宿

在国外居住，最好事先预定好房间，国外各航空公司都可以办理订旅馆房间手续。国外旅馆一般不供应开水，有的旅馆房间设有冰箱，摆有酒水等各种饮料，如饮用则需付款，而且价格很高；有的旅馆饮料拿出冰箱后无法放回，自动记帐。出国人员最好根据出访目的国的电压，自带电热杯。

旅馆一般不允许在房间里洗大量衣物，送洗衣房洗衣物，要填好洗衣单，将要洗的衣物装入专门的洗衣袋，由服务员送洗衣房；如自己洗小件衣物，可在卫生间晾干。

住在饭店，切记不要睡在床上抽烟，不要在室内煮食，更不能使用电熨斗。为了避免发生火险，首先了解住所内安全门在哪里，并亲自看一看，确切了解从房间到安全门的路线、距离、途中的障碍物等。

② 用餐

国外饭馆、饮食店的种类很多，但是口味未必都适合中国人，出国人员要适当带一些备用食品，做好必要的心理准备。

不论是东南亚国家，还是欧美国家，都十分讨厌浪费的行为，出国人员要注意用餐量，最好不要一次大量点餐。

③ 选择交通工具

国外短途交通工具与国内类似，不外乎出租车、公共汽车、地铁三种。

在欧洲，公共汽车是最为便宜的交通工具，地铁次之。出租汽车则比较昂贵，而且很多国家（尤其是欧美国家）都习惯付小费，如果大家必须要乘坐出租车，一定要注意这一点。

在所有长途的交通工具之中，飞机较火车、轮船都更为舒适，其档次也最高。在乘坐飞机时，必须要认真遵守乘机礼仪。

（1）按时登机，对号入座。进入机舱后保持安静。如果是多人同团出游，且座位号都相邻，那么应将靠近窗口的座位留给身份地位较高的人；靠近走道的座位次之；年轻人、晚辈则应坐在中间位置，把方便留给别人。

（2）不将超大行李和有异味的物品带上飞机。登机后尽快放好随身行李，保持通道畅通。

（3）飞机起飞前主动关闭手机等无线电设备。

（4）不乱动飞机上的安全用品及设施。需要找乘务员时，可以按呼唤铃，不宜大声喊叫。接受乘务员服务应致谢。

（5）在飞机上进餐时，主动将座椅椅背调至正常位置，以免影响后排乘客进餐。

（6）保持舱内整洁卫生，因晕机呕吐时，应使用机上专用呕吐袋。飞行过程中尽量不要脱下鞋子以免异味影响他人；如果是长途飞行，脱下鞋后应在外面再罩上护袜。

（7）机上读物阅后整齐放入前方座位的插袋。

（8）飞机未停稳时不抢先打开行李舱取行李，以免行李摔落伤人。

（9）上下飞机时，对空中乘务员的迎送问候有所回应。为乘机人送行时，可说“一路平安”等祝语，不宜说“一路顺风”（飞机需逆风起飞）。飞机上救生衣是飞机遇险在海上迫降时供乘客逃生使用的，切勿随意打开或带下飞机。

❹ 如厕

不论男生或是女生，如厕一定要排队。使用厕所时请尽量小心，若有污染也尽可能的加以清洁。妇女用品也千万别顺手扔入马桶中，避免堵塞。切记用后一定要冲水。用完后把厕所门留下一些缝隙，让后来者知道里面没人可以使用。在飞机、轮船、游览车、火车等交通工具上，洗手间是不分男女的，也就是大家共享，男女一起排队是很正常的，此时也不必讲究女士优先了。稚龄儿童一般是可以和父亲或母亲一起使用洗手间的，但是不成文的规定是：母亲带着小男孩一起上女厕，没有人会介意，而父亲则不可以带女孩上男厕。

每个地方厕所的标记各不相同，西方国家的厕所一般注有“WC”字样，或者用各国不同的文字表示，还有不少地方是用图案来代替，男厕多是男人形象或者用烟斗、胡子、帽子、拐杖等表示；女厕则多以代表女人形象的高跟鞋、裙子、洋伞、嘴唇等来表示。但也有的国家某些地方公共厕所不分男女，如华沙肖邦公园公共厕所的标志是“△”，表示男女都可使用。

▲ 不同风格的厕所标志

⑤ 小费

在国外，无论在机场、旅馆，无论乘出租汽车，还是在饭店吃饭，都要付小费。付小费要注意场合，讲究方法，做到顺其自然，各领其意。付小费的方式多种多样，可以把小费放在盘子下面，也可以在和招待员握手告别时放在他们手里，或把找回的零钱留下作小费，对机场、车站、旅馆的搬运工，则公开付小费。小费到底该付多少，各国各地不一，应根据当地习惯和各种具体情况来决定。

⑥ 打电话

目前，国外电话大都是自动的，机场、车站、候机（车）室等都有公用电话间，既能打本埠又能打长途。各国的电话装置结构不一，使用方法略有差别，打电话前一定要先看说明，看不懂外文说明，需向别人请教。

⑦ 注意时差

飞机航班时刻表一般注有两种时间，当地时间和标准时间，标准时间即格林威治时间，飞机起飞和降落机场使用的都是当地时间。旅行安排要注意当地的时差，让自己尽快适应。

⑧ 讲究个人卫生

在完全适应当地气候、生活习惯之前，注意个人卫生，勤洗澡，常换衣，多洗手，避免过热、过凉、过于疲劳。注意饮食，食用安全卫生的食品和饮料，防止病从口入。

从朱莉目前的职务上看，她是总经理助理，如果此行另带有秘书，则类似于预订住宿、用餐、交通等方面的事务均可以交由秘书来完成，朱莉可更多关注有关工作方面的内容，做好王总的左右手。如果此行只有王总与朱莉两个人，那么朱莉不仅要做好工作上的好助手，还应承担所有属于秘书的工作。

温馨提示

在国外，许多公共场所不允许吸烟，如博物馆、教堂、剧场、商店、会议厅、体育馆、医院、公共汽车等。在火车、轮船、飞机上设有吸烟区，并有“禁止吸烟”的明显标志。下面是国外旅行时关于吸烟的注意事项：

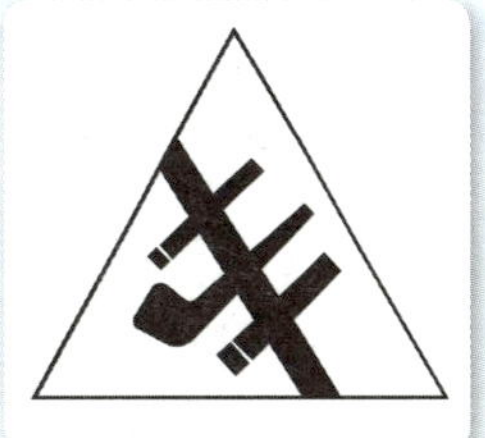

▲ 各式各样的禁烟标志

1. 禁止吸烟的公共场所不要吸烟。
2. 有空调的房间不要吸烟。
3. 洗手间不要吸烟。
4. 不要边走路边吸烟。
5. 没有烟灰缸的房间不要吸烟。
6. 有学者访问、商业洽谈、老师辅导学生时，即便会客室、会议室、办公室里面有香烟和烟灰缸，如果对方不吸烟，自己最好也不吸。
7. 国外特别是欧美国家一般不要给别人敬烟。
8. 如果对方不吸烟而向你敬烟，你最好也不要吸烟。
9. 在可以吸烟的场所，旁边如有女士，若想吸烟时应说：“对不起，我可以吸烟吗？”在征得对方同意后再吸。
10. 在吸烟场所自己如果不吸烟，当别人吸烟时，千万不可露出厌恶的神色。

探索2：千姿百态的礼仪与禁忌

朱莉的问题

英国回来，我发现即使都属于欧洲，英国和丹麦的习俗也有很多的不同，我不由得感慨：外面的世界真是千姿百态！我暗下决心：以后我要走得更远！为了实现这个梦想，我要准备的是否还有更多？

俗话说“入乡随俗，入境问禁”，去一个新的地方，应了解当地的风俗习惯、法律规定，了解新环境下人们的禁忌与喜好，方便建立新的人际关系。礼俗禁忌是指各个国家、各个民族礼仪、习惯、风俗及禁止的事物和犯忌讳的言行举止，禁忌主要包括颜色、数字、交谈、动物与图案、食物、送礼、行为等方面。

一、日本的礼仪与禁忌

日本人通常的见面礼节是深深地弯腰鞠躬而不握手，因为手要准备交换商业名片。比较熟悉的人见面互相鞠躬以二三秒钟为宜；如果遇见好友，腰弯的时间要稍长些；在遇见社会地位比较高的人和长辈的时候，要等对方抬头以后再把头抬起来，有时候甚至要鞠躬几次。他们在社交场合上也施握手礼，日本的乡村礼节也较多，女子在送亲友告别时，一般多施跪礼（即屈膝下跪）；男子的告别礼是摇屐礼（即手持木屐在空中摇动）。切不要以名字称呼日本人，只有家里人和非常亲密的朋友之间才以名字相称。

▲ 日本人见面行鞠躬礼

无论是商务或社交方面的约会，都应准时到达。日本商人经常邀请他们的商业伙伴赴宴，宴席几乎总是设在日本饭店或夜总会里，十分丰盛，往往要延续好几个小时。

在私人家里招待客人是难得的事。如果去日本人家里作客，那么一踏进门就先脱下帽子手套，然后脱下鞋子。按习惯，要给女主人带上一盒糕点或糖果，而不是鲜花。如果日本人送你礼物，要对他表示感谢，但要等他再三坚持相赠后再接受。收受礼物时要用双手接取。日本人喜欢别人送给他们礼物。礼物要用色彩柔和的纸包装好，不用环状装饰结。他们特别喜欢白兰地酒和冻牛排。成双作对的礼物被认为是好运的兆头，所以衬衫袖口的链扣子和配套成对的钢笔和铅笔这类礼物特别受欢迎。任何东西不要送四件的，因为日文中的“四”字发音与“死”字相同。进入普通日本人的住家前应脱鞋，但若是西方式的住房就可以不必脱鞋。交谈忌讳的话题是第二次世界大战。

二、韩国的礼仪与禁忌

韩国商务活动宜着保守式西服，若有拜访必须预先约定。名片要英韩对照，商务人士多通晓英语，决策均由高层做出。韩国人很重视交往中的接待，宴请一般在饭店或酒吧举行，配偶很少在场。宴请频繁，吃饭时所有的菜一次上齐。无论什么场合，韩国人都不大声说笑。

晚辈、下级走路时遇到长辈或上级，应鞠躬、问候，站在一旁，让其先行，以示敬意。和韩国官员打交道一般可以握手或是轻轻点一下头。

如有人邀请你到家赴宴，应带小礼品，最好挑选包装好的食品。作客时，主人不会让你参观房子的全貌，不要自己到处逛。韩国人用双手接礼物，但不会当着客人的面打开。酒是送韩国男人最好的礼品，但不能送酒给妇女，除非你说清楚这酒是送给她丈夫的。不宜送外国香烟给韩国友人。

韩国人禁忌颇多。逢年过节相互见面时，不能说不吉利的话，更不能生气、吵架。进入家庭住宅或韩式饭店应脱鞋。在大街上吃东西、在人面前擤鼻涕，都被认为是粗鲁的。

女人一般不与人握手。男女分开进行社交活动，甚至在家里或在餐馆里都是如此。日常相聚按地位高低排定座次。未征得同意前，不能在上级、长辈面前抽烟或借火。吃饭时不要随便发出声响，更不许肆意交谈。闲谈不要涉及妇女解放。

三、新加坡的礼仪与禁忌

新加坡一直重视国人文明礼仪的培养，强调待人处事要彬彬有礼，笑脸迎客。他们对吉祥字、吉祥图画等都有特殊的感情。

新加坡人在社交场合与客人相见时，一般都行握手礼，对东方人还会同时微微弯腰致意（即轻轻鞠一躬）。新加坡佛教徒在与客人相见时，惯以双手合十为礼，客人同时也应以双手合十还礼，以示相互尊重。

新加坡人注重公共环境的卫生，乱扔东西会受到严厉处罚，街道和其他场所都保持得非常整洁。新加坡人忌讳男人留胡须和长头发，在公众场合抽烟，随地扔烟蒂，被视为可耻的行为，会受到谴责。

▲ 新加坡男人注重仪表和公德

与新加坡人交谈要回避宗教和政治方面的话题，适于谈论的话题有旅游经历、所到国家的见闻以及新加坡的经济发展状况等。切不要就所提供的食品说什么幽默的玩笑话。他们忌讳有人口吐脏话，哪怕是舞台上演出也不被允许，认为所有的脏话都会对下一代产生坏影响。他们不喜欢“7”，认为“7”是个消极的数字。他们对“恭喜发财”之类的话反感，认为这有教唆他人发不义之财的意思，是挑逗、煽动他人损人利己的有害言语。他们忌讳乌龟，认为这是种不祥的动物，给人以色情和污辱人的印象。

新加坡招待客人的方式通常是请吃中饭或晚饭。新加坡的印度人、马来人忌讳左手传递东西或食物，认为使用左手是一种不礼貌的举止。如应邀去新加坡人家里赴宴，送一盒巧克力或一束鲜花将是受欢迎的。

四、俄罗斯的礼仪与禁忌

俄罗斯商人初次交往，非常认真、客气，见面或道别时一定要握手或拥抱以示友好。非常看重自己的名片，不轻易发放，除非是值得信赖的人或合作伙伴。很多俄罗斯商人节奏缓慢，讲究商务着装，认为对谈判意义重大；商务活动穿庄重、保守的西装，最好不要是黑色，偏爱灰色、青色。商务谈判时正襟危坐，很多商人思维古板，不易变通，谈判要平和、宁静，不要轻易下最后通牒，不要想速战速决。

▲ 俄罗斯人忌讳打碎镜子

俄罗斯人认为送礼不在于贵重，太贵重对方反而过不去，会以为另有企图。对喝酒吃饭也不拒绝，但不在意排场，而要看是否尽兴。十分注重建立长期关系，尤其是在饭桌上建立私人关系。

俄罗斯人性格豪放，开朗，喜欢谈笑。他们与人见面先问好，再握手致意。朋友间行拥抱礼并亲面颊。他们尊重女性，公共、社交场合讲究女士优先。

俄罗斯人日常以面包为主食，鱼、肉、禽、蛋和蔬菜为副食。他们喜爱牛羊肉，但不大爱吃猪肉，不吃木耳、海蛰、海参之类；在中餐和晚餐一定要喝浓汤。他们习惯啤酒佐餐，酒量也很大，喜欢高烈性的伏加特酒；在喝红茶时有加柠檬和糖的习惯，通常不喝绿茶；酸奶和果汁则是妇女儿童们喜爱的饮料。认为给客人吃面包和盐是最殷勤的表示。忌讳打翻盐罐和镜子，认为极不吉利。

五、英国的礼仪及禁忌

所有英国人都喜欢被称为“不列颠人”，称呼“英国人”他们是不愿意接受的，因为“英国人”原意是“英格兰人”，而你所接待的宾客，可能是英格兰人、威尔士人或北爱尔兰人。

英国人在与客人初次见面时的礼节是握手礼。英国男士戴帽子遇见朋友习惯把帽子微微揭起，“点首为礼”。英国人同别人谈话时一般保持半米以外，不喜欢距离过近。英国人忌讳四人交叉式握手，据说这样交叉握手会招来不幸，这可能是因为四个人的手臂正好形成一个十字架的原因。他们忌讳在众人面前相互耳语，或用手捂着嘴看着他们笑，认为失礼。不喜欢人自吹自擂，夸夸其谈，视为缺乏教养，很是反感。

▲ 英国人反感夸夸其谈

英国人同大多数欧美国家一样忌讳数字“13”和星期五，视其为“带来厄运”。英国人注重隐私，忌讳过问他们的活动去向、政治倾向及个人生活。他们称男厕为“男士室”，把女厕叫“女士室”，爱用“对不起，我要去看我姑妈”替代“我要去上厕所”。

英国人在进餐时，一般都爱先喝啤酒，还喜欢喝威士忌等烈性酒。他们用餐一般都习惯左手拿餐叉，右手用餐刀，并喜欢在餐桌上备有调味品。英国人讲究菜肴要量少质精，注重菜品鲜嫩、焦香。一般口味不喜太咸，爱甜、酸、微辣味。不愿意吃带粘汁和过辣的菜肴；忌用味精调味；也不吃狗肉。他们忌讳在餐桌上水杯作响，认为这样既有失观瞻，又会给人招来不测。

六、法国的礼仪与禁忌

法国友人很直爽，性格大多较开朗；谈吐幽默风趣，喜欢社交；妇女称得上是世界上最爱打扮的人。尊重女性，一切女士优先，显得谦恭有礼。他们时间概念很强，无论出席什么集会，都习惯准时到达，从不拖拉迟到。不愿听到那些蹩脚的发音。

法国人在社交场合与客人见面时，一般惯以握手为礼，少女向妇女也常施屈膝礼。他们的男女之间、女子之间见面时，还常以亲面颊代替相互间的握手。男人见面，一般也要亲一下面颊。在法国一定的社会阶层中"吻手礼"也颇为流行。不过施吻手礼时，嘴不应接触到女士的手，也不能吻戴手套的手，不能在公共场合吻手，更不得吻少女的手。法国人在同客人谈话时，总喜欢相互站得近一些，他们认为这样显得更为亲近。

法国商人往往相当拘礼和保守。预约是惯例，准时赴约是礼貌的标志。注重隐私，交谈要回避个人问题、政治和金钱之类的话题。被邀请到某人家里作客是难得的，即使已相识很久。不过，若有这类邀请的话，给女主人送上能激起人们遐想和美感的礼物如鲜花（不要送玫瑰花或菊花）或巧克力之类小礼品将是受欢迎的，不要送印有公司名称、标志的礼品。法国人注重烹调艺术，因此中午和晚上的两餐是日常生活中的重要组成部分，不容忽视。

七、德国的礼仪与禁忌

德国人给人的初始印象往往是沉默寡言、不苟言笑，显得呆板。接触时间长了，你就会觉得德国人待人接物虽然严肃拘谨，但态度诚恳坦率。在社交场合，德国人显得非常拘泥形式，不擅长幽默。但在私人交往中，德国人也会无拘无束，十分喜欢欢乐场面，也利用一切机会举行娱乐活动。

德国人重视秩序，把一切安排得井井有条，习惯按计划做事。德国人的记事本总是随身携带，就是家庭主妇外出购物也都是先列张购物单。德国人办事认真仔细，责任心极强，公私分明。所有公事提前预约。

德国商人习惯穿着背心三件套西装。名片最好英、德文对照。上午 10 时前，下午 4 时后，不宜有预约。营业时间，每周 5 天工作日，通常早晨 9 时至下午 5 时，中间有 1 小时午餐时间。一些商店星期六开业。银行周末都休息。8 月份是多数工厂企业的夏季休假时间。

交谈时尽量说德语，会令对方高兴。尽量以握手为礼，握手要用右手，伸手动作要大方。如果对方身份高，须得他先伸手再与之相握。对方多半为你穿、脱外套，不妨接受，再说声"谢谢"。有机会，也替他或其他人穿脱外套。

德国商人不愿浪费时间，所以宜先熟悉问题，单刀直入。如果你被邀到德国人家中作客，通常宜带鲜花去，鲜花是送女主人的最好礼物，但必须要单数。不可带葡萄酒。

注重隐私，尤其对女性，更是十分注意，在德国相识或共事多年而不知对方底细的事司空见惯。访友时，切不可搞“突然袭击式”的登门拜访，都要事先约定。不要轻易打探别人病情。

在德国忌讳数字“13”，要是13日碰巧又是个星期五，人们会特别小心谨慎。德国人的生日不得提前祝贺。忌讳吃羊肉、鱼肉、虾等。

▲ 德国人不吃羊肉、鱼、虾

八、美国的礼仪与禁忌

美国由于其国民来源广而且流动性很强，因此在礼俗上比较随便，在穿着、身体语言等很多问题上都没有太多的讲究。与美国商人交往说话必须慎重，因为他会认为你的话是算数的。接见时，要讲究服饰，注意整洁，穿着西装较好。美国商人较少握手，即使是初次见面，也不一定非先握手不可，时常是点头微笑致意，礼貌地打招呼就行了。男士握女士的手要斯文，不可用力。如果女士无握手之意，男士不要主动伸手。握手时不能用双手。上下级之间，上级先伸手握手。长幼之间，长者先伸手握手。主宾之间，主人先伸手。

多数美国人不爱用先生、夫人、小姐、女士之类的称呼，认为那样做太郑重其事了。他们喜欢别人直接叫自己的名字，并视为这是亲切友好的表示。美国人很少用正式的头衔来称呼别人。男性之间，最忌互相攀肩搭臂。美国人谈话时不喜欢双方离得太近，习惯于两人的身体保持一定的距离。一般应保持在120～150厘米之间，最少也不得小于50厘米。如果关系很熟，妇女之间、男女之间都可亲吻面颊。忌讳随意打骂孩子。不能盯视别人或冲别人伸舌头，或用食指指向他人。

在美国男士不要给妇女送香水、衣物、化妆品等。美国人不喜欢被问及收入。忌讳送带有公司标志的礼物，你会被认为在为公司做广告，或者不舍得为朋友花钱、爱占公家便宜。

美国人忌讳数字“13”。不喜欢蝙蝠，认为它是凶神恶煞的象征。

▲ 美国人忌讳蝙蝠

探索3："3A原则"走天下

张磊的烦恼

中午找 Julie 一起用餐的时候，她正在和 Nancy 姐网聊，舍不得下线。我问她聊什么这么入迷，她说 Nancy 姐正在网授"3A 原则"的机宜呢。我知道穿衣服有"TPO 原则"，还有"三色原则"，这"3A 原则"是什么呢？午餐后我也开始向 Nancy 姐讨教。

张磊：Nancy 姐，你们说的什么暗号呀？"3A"是什么意思呢？

Nancy：我们说的"3A 原则"是商务礼仪的立足之本，是基本原则。你也知道商务礼仪具体的操作是非常详尽的，有的人精力有限，时间有限，不可能面面俱到，但是掌握了"3A 原则"，学习商务礼仪就能够举重若轻。这个原则是美国布吉尼教授提出来的。

张磊：那请 Nancy 姐教教我吧。

Nancy："3A 原则"的一个出发点，就是告诉我们在商务交往中，人际关系是最重要的，不能只见到物，而忘掉人。很多人说，做生意就是挣钱，看到的都是物，"3A 原则"强调要重视人际关系的处理。

张磊：对对对，不处理好人际关系，商务交往的效果将大大降低。那么怎么处理好人际关系呢？到底是哪"3A"呢？

Nancy：第一个 A，接受对方，英文 Accept，就是客人永远是正确的。你在商务交往中，在为客户提供服务时，客人永远是正确的，只要不触犯法律，不违背伦理道德，不有损我们的国格、人格乃至我们的生命健康，应该都是没有错的，只是有的问题理解不同，表达不同，考虑的着重点和出发点不同。我们交谈奉行"三不准"：不要打断别人，不要补充别人，不要随意更正对方。

张磊：第二个 A 呢？

Nancy：第二个 A，重视对方，英文 Appreciate，这个词的本义实际上是欣赏对方。商务交往中有些人和别人打交道时就是爱找毛病，这样非常不利于良性沟通；我们一定要懂得欣赏对方，哪怕是对手我们也要给予充分的理解和尊重。

张磊：对呀，人是有脸面的，老找人家缺点和不足，肯定会引人不快。比如我有时说的可能是实话，不牵涉原则问题，又没有涉及生命安全，却忍不住就想发牢骚，结果就把别人得罪了。怎么样向别人表示欣赏呢？

Nancy：比如，第一个非常重要的技巧，就是善于使用尊称。在正式的场合中，对有行政职务的人，要称行政职务，比如你叫我们老板就得叫王总，说明他是代表我们公司的，是有决策权的。他会感觉到我们对他的尊重。

张磊：哦，怪不得，上次在酒会上叫王总"头儿"，他很不高兴，原来如此呀！

Nancy：还有一点非常重要，记住对方的名字和相貌。每一个人都认为自己在这个世界上是独一无二的。我们已经讲了接过名片一定要看，为什么要看？对对方表示重视。人都是希望被重视的，我们记住对方就是表示重视他。

张磊：太有道理了，可是我老是记不住每个人的名字尤其是职务，怎么办呢？

Nancy：那我就教你一个技巧，对于太长时间不见，见了面你认识，姓名却忘了的人，那你不妨偷工减料，就微笑着点点头，但是千万不要张冠李戴。

张磊：Nancy 姐，那布吉尼教授讲的第三个 A 是什么呢？

Nancy：第三个 A 是赞美对方，英文是 Admire，就是要懂得欣赏别人。有一个专家讲过，懂得欣赏别人的人，实际上就是在欣赏自己。因为你发现别人的长处，实际上就展示了自己宽以待人的美德。换而言之，不懂得欣赏别人的长处，不善于发现别人的长处，甚至否认别人的长处，这个人往往会失去交往的机会。

张磊：那么在商务交往中，要赞美对方，有哪些基本的技巧可寻呢？

Nancy：第一点，非常重要，就是要实事求是。你别胡说，你在展销会上说某某产品世界著名，就应该名副其实，别在全上海都不出名，你给它蹦出一个世界闻名。第二点，比较重要，就是在赞美对方的时候，你要让人能很好地接受。不能自说自话，让人不能信服，觉得你是在作假。

张磊：哦，这下我明白了，“3A 原则”就是接受对方、欣赏对方、赞美对方，是商务交往中待人接物的基本之道。它真是太重要了。我现在对商务人际交往更有把握了，以后就是实际演练了。谢谢你，Nancy 姐！

即使掌握了很多出国旅行的礼仪原则，也会因为去了从未去过的国家、接触从未见过的民族而遭遇困境，因此，把握一个统一的出行原则是十分有必要的。朱莉和张磊，目前或将来，都属于经常需要出行的商务人士，但是，又不可能知晓所有国家、所有地区、所有民族的礼仪习俗。因而，掌握这个易理解、易识记，同时又实用的“3A 原则”是非常重要的。

话题小结

商务人士的礼仪素养，不仅体现了自身素质，还代表了一个企业、地区乃至国家的形象。商务人员在出国旅行前除了了解我国对出国人员的有关规定和要求，更要熟悉所到国家的礼俗禁忌、生活习俗和礼节，做到心中有数，可以更快地适应新环境，打开交往的新局面，促进双方关系融洽，为商务往来的顺利进行提供保证。

礼仪小舞台

❶ 案例分析：

一次在纽约，一个华人旅行团在一座著名的大厦里参观，一位游客烟瘾犯了，又看见大厦里有禁止吸烟的告示，无奈之下灵机一动，把头和手伸到了一个可开启的通风窗外“吞云吐雾”起来。想不到一根烟刚抽了一半，就被大厦的工作人员硬拖了进来。原来大厦外的行人发现大厦里边伸出一只胳膊和一张抽烟的脸，都非常好奇，引起了围观和交通堵塞。最终这位游客缴纳了“公共场合抽烟”的罚款才离开大厦。

请根据上述案例，阐述一下在国外吸烟应该遵循的礼仪。

❷ 请谈谈如何在商务活动中用好“3A 原则”。

❸ 赴日本谈生意需要哪些准备工作？请同学们讨论，并写出完整方案。

读书的时候，我们总因为大人们说我们是“聪明的孩子”而沾沾自喜；工作的时候，我们又因为领导们夸奖自己是“能力很强的人”而暗自得意。

但当你慢慢走过少年、青年的时光，你就会发现，“聪明”和“有能力”，并不能让你在人生中如鱼得水。杰出的智慧，出色的能力，只有辅之以得体的礼仪，才能得到应有的发挥，让自己的职场更成功、人生更精彩！

同学们，让我们大家一起来做一个真正的“礼仪达人”吧！